方祖燊全集

（二）

方祖燊全集·論文集第四卷·論語法

方祖燊全集·論文集第五卷·文藝與文學

方祖燊全集·論文集第六卷·國語運動史

論文集第二集自序

我把這第二集的論文也分做三卷：第四卷論語法；第五卷談文藝與文學；第六卷敘述我國的國語運動的歷史。

我對語法與文學的問題都很有興趣。我過去甚至想寫一部語法的專著，可是總因工作的忙碌，未能如願。雖然如此，我陸續也寫了幾篇這方面的論述，第四卷收有《國語複音詞形成與結構的研究》，我沿著華語詞彙發展的逕路，還有我自己讀書、工作與寫作時所體悟出來的心得，來探討我國複音詞形成的原因和複音詞結構的方式。當然「詞彙學」已經成了現在語法學的一個重要的項目，我想這篇論著對「詞彙」問題有興趣的朋友，應該有點幫助吧。《詞組和句型》，我認爲語法這一門課程，總是令學生相當頭痛的，因爲它的觀念與條例總是高深而複雜，而且學會了也不容易應用於寫作。我認爲現代語語法的研究，實在應該簡單化公式化，不必過份著重學理的闡釋。後來，我讀到大陸張中行等人探討詞組與句型的小冊子，我覺得他們講詞的組合和句子的造型，正合我的心意，根據他簡單的理念，就可以在寫作時候，順暢創造出許多確當的短語和句子；用於教學，學生很容易理解學會，依樣畫葫蘆——應用於作文。因此，我就張中行等人的理念，簡化、修正、補充，並賦以適當的例子，寫成這一篇文章。這只是一篇讀書的報告而已，可以跟諸位讀者分享。《白話小說中的語氣詞》，這是我研究小說理論的附產物，主要討論我們說話的時候各種語氣詞的用法。《色彩詞的構造與變化》，你若懂得色彩詞的各種結構，你就能夠描寫出色彩繽紛的世界。

第五卷收有《總統　蔣公對軍中文藝發展的提示》，這是闡釋先總統蔣中正先生，對軍人的精神教育的理念；他認爲軍中文藝，必須要發揚民族仁愛、革命武德、慷慨奮鬥、合群互助、言行一致、樂觀無畏、冒險創造、積極負責、求精求實、雪恥復仇、獻身殉國、成功成仁等十二種精神，灌輸於文藝作品之中。《當代中國文學的發展方向》，是我和黃麗貞教授合撰的，民國七十年（一九八一）爲紀念五四運動寫的，收在《中國文學的探討》中（國軍戰鬥文藝理論研究會主編，中央文物供應社出版）；從這篇文字可以看到我們兩人的文學觀。《文藝教育與青少年輔導》，現在青少年問題日趨嚴重，犯罪比率天天增加；這是就文藝作品與青少年問題加以探討。《談文藝理論》由文藝的創作、思想、批評，談文藝理論家應該多寫文藝思想性、批評性的文字，建立我國現代文藝的理想。《聯想與寫作》，是討論怎樣運用「按類聯想」的方法來寫作。

第六卷收有兩篇：《國語運動簡史》原收於《六十年來之國學》（二）中，是論述清末的拼音簡字運動和大陸時代的國語運動的歷史。《臺灣推行國語教育的經驗》，是論述臺灣光復之後推行國語運動的歷史。

方祖燊序於一九九五年十一月十日・桃林樓

方祖燊全集·論文集第二集　目　錄

第四卷

詞組和句型

第六卷

臺灣推行國語教育的經驗……二一九

國語複音詞形成與結構的研究

荀子說:「單足以喻則單,單不足以喻則兼。」(註一)單,就是「單音詞」;兼,就是今天所謂「複音詞」。複音詞,就是由兩個以上的單字組成的詞;在文法上,叫做「複合詞」,簡稱「複詞」;在發音上,有兩個以上的音節,所以叫做「複音詞」;也就是古人所謂「聯緜字」(註二)。

複音詞,由來已久;「尚書」已有「元首」、「股肱」等詞;「詩經」裏更是不少,如關關、雎鳩、窈窕、淑女、君子,都是複音詞,尤以重疊式的複音詞更多;諸子裏,隨手翻去,也時時可以看到不少的複音詞,如宇宙、道德、綱紀、聖人、賢者、衢道、蹊徑、太山、姑蘇、象箸、璞玉、黃泉、天府、胡蝶、蜉蝣、聚斂、狹隘、逍遙、怠慢、鬱悒、勞苦、旁礴、塵埃、形骸、精神、顏色、容與、委蛇、空虛、自然、淵默、交通、節操、悖然、泠然、栩栩然……之類出現篇章之間。當然,在古籍裏,單音詞仍然佔絕大多數。

因此,過去的學者對複音詞的蒐集、整理、解釋,早在周、漢時代就已存在。「爾雅」(註三)的「釋言」、「釋訓」篇中,就收有「明明」、「婆娑」、「誰昔」、「子子孫孫」各種類型的複音詞，將近兩百個。宋人張有的「復古編」下，列有「聯緜字」一類，收有五十八個。元曹本的「續復古編」收有「聯緜字」一百零七個。明朱謀㙔的「駢雅」（註四）七卷，專收駢偶合併之言，就是古所謂聯緜字，今所謂複音詞，有好幾千，數量已非常多；例如「麥英、含桃、櫻桃也。」「離支、茘枝也。」「撥穀、擊穀、結誥、郭公、布穀也。」但絕大部分，今天已成了「死詞」而不用了。近人王國維編「聯緜字典」三卷，分由雙聲（附重言）、疊韻、非雙聲疊韻三方面來蒐羅；非雙聲疊韻詞，就收有七百多個。到符定一（宇澂）編「聯緜字典」，除了蒐集極爲豐富，並標注反切，訓釋詞義，分析聲韻，甚爲完備。

現在各種辭典都收有大量的複音詞，加注音訓義，這方面已不必再做；所以現代學者對複音詞的研究，大抵就複音詞的形成、結構及用法方面，加以探討。這類的著作，有民國五十一年馮長青的「國語構詞」（註五），五十七年黃麗貞的「金元北曲語彙之研究」（註六），五十八年間胡哲齊在國語日報「語文周刊」上連載「複詞的構詞方式」；五十九年方師鐸的「國語詞彙學」（註七）。還有王宏先的「複音詞聲義闡微」（註八），也談到了複音詞形成的原因。這方面的論著仍然很少，不頂完備。

我所以對複音詞這個問題感到興趣，因爲我在國語日報編「古今文選」，翻譯文言文的時候，發現文言多用單音詞，白話多用複音詞；語譯文言的最好方法，就是將單音詞改譯成複音詞。這也就是說：我們的語言已經由單音節語走向複音節語的路子發展了；所以現在我們說話寫作都大量應用複音詞。另一原因，是我寫作文章的時候，有時也會感到詞彙不夠，翻辭典來找詞，很花時間，後來我就想利用構詞方法來增加詞彙。因此，我對複音詞的形成原因與結構方式，早就想作一研究。民國六十五年四月，我在「華文世界」第六期「漫談語文」，就是我初步全面接觸到華語的構詞方式問題。六十六年，我在「中國語文」二四三期發表「色彩詞的構造與變化」，側重某一類詞的結構方式的探討。

有人說：「我們怎麼講話，還是一個謎。」每一種語言都是順著非常複雜的原則形成的，新語詞在我們的生活中不斷衍生；所以要探究華語的語詞的產生、形成與結構，自然也不是一件容易的事。不過，我們要是能應用科學的方法，嚴密地歸納分析，仍然可以探究出複音詞的形成原因與結構方式。現在，我就過去所作的初稿與新資料，重加歸納、修正、補充，並加學理性的說明，撰成本篇論文，希望能夠給人一些簡單有用的構詞原則，有助於說話與寫作。

一、複音詞的形成原因

中國話本是孤立語，又叫獨立語，分析語，或單音節語；它的特點是一個詞，發一個音，表示一個意義。文字是記錄語言的工具；由我國文字的一字一音一個義，我們可以想像最古時代的中國話——華語，可能全部用單音詞，大概有了一個東西，或一個觀念，當時人就用一個單音詞來稱它。後來有了文字，就用單字（單音詞）來代表它，所以在農牧時代就產生了許多跟「牛」有關係的文字。又由各地方言不盡相同，就有不同的用詞。像把公牛叫牡，叫特，叫犅；把母牛叫牝，叫牸，叫犉，叫牿。大的牛叫犎，小的牛叫犢；牛毛色純的叫牷，雜的叫犖，黃黑的叫犂，黑白的叫牻，黃色黑嘴的叫犉，黑耳朵的叫犚，黑腳的叫犈；牛的叫聲牟牟，跑得氣喘連連的叫犨，養牛的欄圈兒叫牢，牛驚跑的現象叫犇——奔，看牛的人叫牧，用牛來慰勞人叫犒，祭祀神明祖先的牛叫犧、叫牲。這些單音詞——也就是字，所表現的正是那個時代單純簡樸的生活中的事物。由此，可見古人大抵是用單音語來表達意思的。

我國的語言為什麼後來竟由單音節語走向多音節語呢？由使用單音詞走向大量使用複音詞呢？探究原因，我認為主要有三點：

一、生活需要：人類生活的內容日漸複雜，許多舊事物過去，有許多舊詞不用；也有更多的新事物不斷產生，必然要製造更多新詞來代表它。字就是詞，因此每產生一個新事物，就得給造一個新字，這樣勢必要創造無數的新字，這當然不是好辦法；於是有人在字義上加以引申，使一個字有多種含義，「特」字原指公牛，後來引申為材能傑出的人物，與衆不同的事物，又引申為獨特，特別的意思。也有人將一個字，借做另一個字來用，像「燕」字借做「宴飲」的「宴」，「令」字借做「官長」的「長」，使含義擴展。也有人在詞性上加以轉化應用，像「女」字，原為名詞，讀「ㄋㄩˇ」，作「女人」解；轉化為動詞「嫁女」，讀「ㄋㄩˋ」；作代名詞「你」，通「汝」字，音「ㄖㄨˇ」。又如「老吾老以及人之老」，第一個「老」字，作動詞「奉養」，另外兩個「老」字，都作名詞「老人」來講了。也有人在字音上加以變化，產生了新意義，像「行」字讀ㄒㄧㄥˊ，作

「行爲」解，讀ㄒㄧㄥˊ，作「德行」解，讀ㄏㄤˊ，作「行業」解。由於有這些變通的辦法，所以一個字可以衍生數義，析爲數音，擴展了一些用途，所以過去在人類生活簡樸的時代裏，文字雖然少，尚可勉強應付日常生活的需要，表達他們的意思，後來人類的生活內容日趨複雜，文化日益進步，新事物，新思想，新知識不斷的產生，單音詞就不足應付了，自然就產生了「複音詞」。

二、同音太多：我國的文字同音太多，以北平音爲標準的國語來講，只有四百十一個音，再分四聲，也不過一千六百四十四個音，除掉有音無字的，大概不過一千三百多音，學來很容易。但是記這些音的文字，根據民國三十六年臺灣省國語推行委員會編印「國音常用字彙」所收的，就有一萬二千二百一十九字，至「康熙字典」收有四萬七千零卅五字，（古文字一千九百九十五字，不包括在內），同音字自然很多。譬如讀「ㄍㄨ」音的同音字，「國語常用字彙」就收有「姑、估、呫、沽、蛄、酤、鴣、辜、鈷、菇、孤、呱、觚、菰、箍、家」等十六字，如果我們單說一個「ㄍㄨ」，別人聽來就不知道我們說的是什麼，如果用複音詞來說：姑媽、估價單、咕嘟、大沽口、螻蛄、酤酒、鷓鴣、辜負、鈷六十、香菇、孤兒、呱呱（大哭）、（孔子說）觚不觚、菰菜、金箍子、曹大家，我想大部份都可以聽得懂了。由於單字同音，容易混淆，不易分別，複音詞就沒有這種毛病。因此，華語複音化是必然的發展，走上單音詞與複音詞兼行的路子。

三、組合方便：我國的文字是一字一音一義，富有彈性，一個字和另一個字結合一起，就成了一個新詞，表示新意義。複音詞的產生，大概是那些聰明的人發現我國文字這種特性，就利用組合的方式來製造新詞了，你造一個，他造一個，我造一個，複音詞就不斷滋生了。就拿「牛」字來說，許多與牛有關的，大都改用複音詞了。如公牛、母牛、黃牛、水牛、笨牛，都是在「牛」字的上面，加了另一個字構成的；又如牛毛、牛痘、牛黃、牛鼻子（稱道士）、牛奶、牛皮紙、牛油、牛飲、牛蝨，都是在「牛」字的下面，加了另外字構成的。原來代表各種牛的單音詞，如犅、牯、牿、犎、牻、犢、犉、⿱辟牛、犈，大多成了死詞，而廢棄不用了。這些在古代非常通行的單音詞，很早就被複音詞所取代。由於我國文字的組合有這種方便，複音詞就自然大量的產生了。

現在，再拿「酒」來說吧，最初有一個「酒」字也就夠了。後來因為酒味有甜酸，又產生「醴」「酸」等單字；顏色不同，於是稱白酒為「醝」，紅酒為「醍」，綠酒為「醽」。因此產生一些有關「酒」的單字——單音詞；但酒是商品，酒名層出不窮，有以產地，有以原料，有以招牌，有用美詞，有用譯音來取名的，自然不是採用單音詞所能表達，所以過去有瓊漿、玉液、金波、仙醪、瑤醽；又有桂香酒、葡萄酒、菊花酒、米酒、麥酒、高粱酒、蕃薯燒、人參酒；又有紹興酒、茅台酒；又有開封千日春、長安酴醾香、杭州竹葉青、成都錦江春、山西汾酒；現在臺灣有清酒、烏梅酒、五加皮、啤酒、黃酒、荔枝酒、米酒、紹興酒、狀元雕、金門高粱；洋酒又有法國香檳、英國的白蘭地、蘇格蘭的威斯忌、蘇聯的伏爾加酒；這些酒名都是複音詞，由兩個以上的字連綴成的，表示一個意義。

總而言之，華語已由單音節語走向多音節語，單音詞走向複音詞。語詞由單音變成多音，這是文化進步，語言擴展的必然現象。現在許許多多的複音詞，像光纖、雷射、微電腦、太空梭……仍然是在這樣的情況之下，繼續大量產生。

二、複音詞的結構方式

複音詞是由兩個以上的字構成的；這些「字」以何種關係？何種方式？結合成複音詞？有些學者從文字關係來立說，認爲從聲音關係結合的，叫做「衍聲複詞」；從意義關係結合的，叫做「合義複詞」；把複音詞的結構，分做「衍聲」與「合義」兩大類。其實由「重疊」方式、「附加」方式構成的複音詞，翻譯外來語而構成的複音詞，有許多與音有關，有許多與義有關，則難以歸屬。有些學者從複音詞的結合方式來立說，每一種結構都給分立一類；因此，細目紛繁紊雜，看不出大類的歸向。這裏兼顧到這兩方面，把複音詞的結構，分做「合義」、「衍聲」、「重疊」、「附加」、「翻譯」五大類，再各分若干細目，加以論述：

一、合　義

合義複詞，就是偏重意義的複音詞。當一個新事物（或新觀念）產生，我們要造一個合義複音詞來代表它，自然從單字的含義來構想。譬如「電話」，因爲是用電的，可以和遠方的人通話，於是就將「電」和「話」兩個字結合成複音詞「電話」；又如用「電燈」來代表通了電流而發光的燈，也是這樣構成的。由「電」修飾「燈」、修飾「話」的結構來說，和修限詞組的「春花」、「大雨」、「

中國人」、「高尚人格」沒有什麼差別。因爲詞和詞組，極易相混；所以我認爲現代人對詞的定義，應該略加修正。在語言學上說「詞是用來表示一個最小的意念。」單音詞用這個定義來界限它，是沒有問題的；但複音詞都是由兩個以上的單字合成的，自然也就包容了這兩個以上的字義在內，結構很複雜，有時看來就是詞組（或稱仂語），不過，它所代表的仍是一個最小的整體意念。譬如電話、電鍋、電影、電扇、電視機、洗衣機、抽風機、自來水、繪畫、繩結、頭痛、舞蹈、教學、演講、播音、油炸鬼這些詞，是複音詞？還是詞組？我認爲在單音詞剛剛走向複音詞的時候，由字義結合成的複音詞，應該說都是「詞組」；這些「詞組」在我們的心目中所代表的意念，卻是那麼緊密完整，無法分開。當我們提到「電話」（「繩結」、「油炸鬼」），我們的頭腦裏就會湧現出一個完整的「電話」（繩結、油炸鬼）的形象；當我們提到「大雨（春花、打電話、吃喝）」，自然產生了兩個意念；所以「大雨」之類是詞組，「電話」之類是複音詞。現在我們對詞的定義，應該修正爲「詞，是用來表示一個完整的意念。」從文字意義的關係結合成的複音詞，有「組合」、「引申」、「虛字」、「特殊」、「單位詞」五種。

㈠組合：兩個以上的單字組合成爲複音詞；結合的形式，類似「並聯」、「主謂」、「修限」、「動賓」、「補足」各種關係的詞組，所以就採用這些專詞來表示它們的結構方式。

1.並聯：這類複音詞，和並聯詞組的結構一樣，是由兩個單字不分主要次要地組合成的。同類的，如國家、身體、語言、文字、挖掘、選擇、摹倣、更換、勞動、比賽、負擔、打擊、勾引、想念、邪惡、豐滿、寂靜、翠綠、高峻、肥沃、聰明、稀疏、美麗、狹窄、悶熱。相反的，如好歹、上下、大小、多少、黑白、緩急、東西、雌雄、是非、開關、呼吸、善惡；這類的結合，語義往往偏向一邊。如說：不識好歹——好；莫辨雌雄——雌；那有是非——是；量量長短——長；無濟緩急——急。也有不偏的，如三十「上下」；「大小」恰好；「多少」錢；「黑白講」；做「買賣」；總「開關」；什麼「東西」。

2.主謂：這種複音詞，和主謂詞組的結構一樣，上字爲主語（名詞），下字爲謂語（動詞或動賓）。如地震、兵變、人爲、孺慕、冬至、肉麻、心酸、輪迴、更迭、頭痛、膽怯、耳軟、胃潰瘍、肺結核、水蜜桃、水媒花、乳酸、口紅、馬戲。

3.修限：這種複音詞，和修限詞組的結構一樣，先用一個字代表中心物，然後再在這個字的前面，加上適當的修飾，限制作用的字，來表示它的種類、特質或功能。如電話、電燈、洗衣機、中國、超人、粉撲、牙刷、手套、床單、醬油、紹興酒、眼鏡、肝癌、夕陽、牛肉乾、輪船、飛機、教員、聯招、餐館、大學、老虎、空氣、菊花、牛奶、園丁、畫家、氫彈、火焰、燈光、深綠、淡紅、頹風、低能、撲燈蛾、青蛙、胡琴、蕃薯、國語、原子筆。牙刷、粉撲之類，「刷」和「撲」都已轉化爲名詞，牙刷是刷牙的刷子。

4.動賓：這種複音詞，和動賓詞組的結構一樣，在一個表示動作字的後頭，再接上這個動作所涉及的人事物。如燙髮、視新、設法、攝影、燒餅、抽豐、慕光（蛾）、忍痛、相親、入門、傷心、賞臉、說謊、摔跤、喫糧、獻勤、潛水、幹事、落款、勞心、吃硬、受累、合意、試工、省力、認輸、授權、省事、任職、打躬、打抽豐、打靶。

5.補足：這種複音詞，和補足語詞組的結構一樣，用一個表示動作的字爲中心，在它的後面，再加了一個字，來說明它的情況。如說通、要狠、賣好、率先、喫緊、休閒、陷沒、習慣、窒息、落難。

㈡引申：由一個字的本義，引申出新義，結成複音詞。如開花謂之華；由「華」字引伸出來的有華麗、華采、榮華、繁華。厲，磨刀石；由「厲」字引伸出來的有磨厲、勉厲、嚴厲、厲世、厲節。草木在泥土中向下生長的部分叫根，由「根」字引申出來的有根本、根抵、根基、根原。水的流行叫流，由「流」字引伸出來的有流水、流行、流動、流蕩、流通。

㈢虛字：文言裏的虛字，開始時候多是單音詞，後來也有演化成複音詞；現在，在口語裏大都成爲複音詞了。如設—設使、設若。因—因爲、因此。故—是故、緣故。以—所以。然—然而。則—然則。而—而且。雖—雖然。若—假若、若使。如—如果、假如、要是。應—應該、應當。奈—奈何。何—如何、何以、何等。敢—豈敢。怎—怎麼、怎樣、怎麼樣。甚—甚麼。終—終於。對—對於。能—能夠。可—可以。既—既然。已—已經。

㈣特殊：「譬喻」、「贅語」、「專名」、「拆字」、「借詞」、「倒轉」這些複音詞的性質，都比較特殊，所以另歸一類來討論。

1.譬喻：我國人很早就喜歡用「譬喻」來表達意思。如虬龍爲靈獸，飄風對人類有害，屈原用虬龍喻君子，飄風喻小人。許多人也就利用這種譬喻的方式，製造了許多新詞。也就是借用我們生活中的某一事物，來代稱和這個事物相類似的某一種意念；因此衍生了許多複音的譬喻詞；其結構方式有全部與部分兩種。

a、全部：整個詞用來喻稱某一意念。如獅子頭——借黃獅子頭喻稱那炸得焦黃的「大肉丸子」。狐狸精——借狐狸的狡猾多變喻稱善於媚人的「女人」。牛馬——喻苦工。骨肉——喻親人。手足——喻兄弟。假面具——喻虛假態度。河東獅——喻悍妻。高帽子——喻好聽恭維話。小丑——喻可悲人物。禍水——喻女人。灰色——喻消極悲涼。靈魂之窗——喻眼睛。火坑、烟花——喻妓院。玉米——喻玉蜀黍。

b、部分：詞的上半有譬喻作用。如鵝黃、桃紅、珠淚、櫻唇、冰箱、帶魚、石斑魚、釣譽、玉蜀黍、花街、風厲、羊皮紙、冰釋、馬尾松。詞的下半有譬喻作用。如法網、肝火、貼金、掣電、詩仙、蝦米、慧根、呆板、鹽粒、雪花、賤貨、眼珠子、彈弓、星河、貪墨、爆竹、田雞、黃米（玉蜀黍）。

2.贅語：在一個語詞的上下中間，加上一些無關緊要的字眼。如傻「不機機」、亂「七八」糟、「胡里」胡塗、神經「兮兮」、下「三」濫、鄉「巴」老、平常「者也」、推「而」廣「之」、接「二」連「三」、「四」平「八」穩、「九」拿「十」穩。所加的字，大多爲數字，或虛字、或襯字。

3.專名：如王陽明（人名）、臺灣（地名）、紅樓夢（書名）、漢朝（朝代名）、貞觀（年號名）、中華民國（國名）、傷寒（病名）、中央研究院（機關名）、師範大學（學校名）、中書省（古機關名）、國子監（古學校名）、泰山（山名）、長江（水名）、甘草（藥名）、太守（官名）、立法委員（民意代表名）……之類特殊的人、地、事、物所專用的名詞，也稱固有名詞或特有名詞。這類複音詞的結構，有的有規則可尋，如中書省、長江、立法委員、師範大學之類屬於修限的形式；有的無規則可尋，如王陽明、貞觀、臺灣之類是。

4.拆字：把一個字拆開來用，如兵—丘八。謝—言身寸。張—弓長張。這類複音詞很少。

5.借詞：舊詞新用。如過去未成年的女孩子頭梳雙髻叫做「丫頭」，後來借稱小女孩，小女僕。從前宮殿中欄干，叫做「句欄」，梨園娼妓在宮廷中演戲，後來借稱爲娼家。五代前蜀主王建，行八，少無賴，鄉人罵他賊「王八」，後來用來罵人無恥。杜甫曲江詩：「人生七十古來稀。」後人借「古稀」稱七十歲。紀千俞海日初出賦：「冀餘光之一借。」後人求人幫小忙、問路，就用「借光」一詞。

6.倒轉：一個複音詞倒轉來用，意義大都變動，成爲新詞。如兄弟—弟兄。唱歌—歌唱。愛情—情愛。技巧—巧技。翁仲—仲翁。馬四—四馬。大部分的複音詞都不能顛倒來用，因爲一顛倒就不成詞了。

㈤單位詞：單位詞如個、張、條、隻、口、把、根、艘、遍、頓、嚬、番、回、次、趟、里、丈、尺、寸、斤、兩、元、角、桌、席、壺、尾……之類，加在數詞「一、二、三、四……」的後面，成爲詞組；這種組合的關係非常密切，幾乎成了我們口語裏所不能缺少的成份，實在是蘊含有複音詞的作用。譬如我們說「三條魚」，不能說成「三魚」；「一桌酒席」，不能說成「一酒席」。如一個人、兩張桌子、三瓶酒、四隻雞、五頭牛、六箱衣服、七把椅子、八根扁擔、九艘貨船、說了十遍，打了兩頓，玩了一番，來了三個人，通了兩次，去了三趟，十里、五丈、三尺、五寸、三斤、六兩、五元、五角。數詞加了單位詞，在聽覺上，有複音性的感覺。

二、衍　聲

衍聲複音詞，主要是跟語言的聲音有密切關係，因此衍化產生出來的。許多語詞是由方言來的；方言詞往往只是記音的，單字本身沒有意義的。如正字通說：「夷語稱老者爲巴巴。」巴巴只是「音標」；後人加「父」字，作形聲字「爸」，「爸爸」才賦有意義了。又如「抹殺」，方言原作「末殺」，後人將「末」字加了「扌」偏旁，才有抹掉的意義。又如河北人說「何處」，音作「喇裡」，後來才作「那裏」。上海人稱嬉遊爲「薄相」，今作白相（ㄅㄛˊ ㄒㄧㄤˋ）。有些地方人，用反切音，代替本字，如用「窟窿」代替「孔」字。北平等地，人們說話常常捲起舌頭來說，因此產生兒化韻。我們模倣獸吼蟲鳴，常用文字，直記其聲。悲傷喜悅憤怒，各種情緒變化的時候，自不免發出哀嘆笑聲怒吼，因此也產生了些感歎詞。這些都與聲音有關。還有像枇杷（ㄆㄧˊ ·ㄆㄚ）、參差（ㄘㄣ ㄘ）都是雙聲詞，聲母一樣，發音自然流利；邋遢（ㄌㄚˊ ㄊㄚˋ）、婆娑（ㄆㄛˊ ㄙㄨㄛ），都是疊韻詞，收韻一樣，講來自然好聽；蝴蝶（ㄏㄨˊ ㄌㄧㄝˊ）、芙蓉（ㄈㄨˊ ㄖㄨㄥˊ），爲非雙聲疊韻詞，但說起來也相當順口。所以過去詩人文士有意作雙聲、疊韻的複音詞，來增加文字聲韻之美感的；這些複音詞如渺茫（ㄇㄧㄠˇ ㄇㄤˊ）、巧妙（ㄑㄧㄠˇ ㄇㄧㄠˋ）；渺、茫、巧、妙等字則各有它的含義。這些複音詞的構成，都跟我們靈活的語言的聲音，有密切的關連，所以稱之「衍聲複音詞」。現在分述如下：

㈠雙聲：這類複音詞，由兩個字構成，上下兩字的聲母一樣。如蜘蛛（ㄓ ㄓㄨ）、秋千（ㄑㄧㄡ ㄑㄧㄢ）、馳騁（ㄔˊ ㄔㄥˇ）、踴躍（ㄩㄥˇ ㄩㄝˋ）、吟哦（ㄫㄣˊ ㄫㄜˊ，今讀ㄧㄣˊ ㄜˊ）、花卉（ㄏㄨㄚ ㄏㄨㄟˋ）、淒清（ㄑㄧ ㄑㄧㄥ）、崎嶇（ㄑㄧˊ ㄑㄩ）、澎湃（ㄆㄥ ㄆㄞˋ）、叮噹（ㄉㄧㄥ ㄉㄤ）、零亂（ㄌㄧㄥˊ ㄌㄨㄢˋ）、反復（ㄈㄢˇ ㄈㄨˋ）、多端（ㄉㄨㄛ ㄉㄨㄢ）。

㈡疊韻：這類複音詞，由兩個字構成，上下兩字的韻母一樣。如餛飩（ㄏㄨㄣˊ ㄊㄨㄣˊ）、婚姻（ㄏㄨㄣ ㄧㄣ）、玫瑰（ㄇㄟˊ ㄍㄨㄟ）、蜻蜓（ㄑㄧㄥ ㄊㄧㄥˊ）、嚮往（ㄒㄧㄤˋ ㄨㄤˇ）、蕩漾（ㄉㄤˋ ㄧㄤˋ）、洶湧（ㄒㄩㄥ ㄩㄥˇ）、懊惱（ㄠˋ ㄋㄠˇ）、婀娜（ㄜ ㄋㄨㄛˊ）、蒼茫（ㄘㄤ ㄇㄤˊ）、孤獨（ㄍㄨ ㄉㄨˊ）、差池（ㄘ ㄔˊ）、崢嶸（ㄓㄥ ㄖㄨㄥˊ）、窈窕（ㄧㄠˇ ㄊㄧㄠˇ）、逍遙（ㄒㄧㄠ ㄧㄠˊ）、婆娑（ㄆㄛˊ ㄙㄨㄛ）、徘徊（ㄆㄞˊ ㄏㄨㄞˊ）、徨（ㄆㄤˊ ㄏㄨㄤˊ）、蝦蟆（ㄏㄚˊ ˙ㄇㄚ）。

㈢雙聲疊韻詞：這種複音詞是既雙聲又疊韻。所有重疊詞都屬於這類結構。如淒淒（ㄑㄧ　ㄑㄧ）、慘慘（ㄘㄢˇ　ㄘㄢˇ）、戚戚（ㄑㄧ　ㄑㄧ）。又如想像（ㄒㄧㄤˇ　ㄒㄧㄤˋ）、收受（ㄕㄡ　ㄕㄡˋ）、上賞（ㄕㄤˋ　ㄕㄤˇ）、中正（ㄓㄨㄥ　ㄓㄥˋ）、玲瓏（ㄌㄧㄥˊ　ㄌㄨㄥˊ）之類，則很少；而且它們的結合大都是由意義關係來的。

㈣非雙聲疊韻：有許多複音詞，雖然不是雙聲疊韻，但它們仍然是基於聲音關係而結合的，叫做非雙聲疊韻詞。如蝴蝶（ㄏㄨˊ　ㄉㄧㄝˊ）、鸚鵡（ㄧㄥ　ㄨˇ）、蚱蜢（ㄓㄚˋ　ㄇㄥˇ）、螺螄（ㄌㄨㄛˊ　ㄙ）、疙瘩（ㄍㄜ　ㄉㄚˊ）、蚯蚓（ㄑㄧㄡ　ㄧㄣˇ）、孔雀（ㄎㄨㄥˇ　ㄑㄩㄝˋ）、衚衕（ㄏㄨˊ　ㄊㄨㄥˋ）、寥廓（ㄌㄧㄠˊ　ㄎㄨㄛˋ）、愷悌（ㄎㄞˇ　ㄊㄧˋ）、勾當（ㄍㄡˋ　·ㄉㄤ）之類，說來也是非常順口的。這類複音詞無法拆開，兩字合在一起，才有意義。在辭典裏，在某字下，常作「見某條」、「見下」的詞。如商務印書館舊版（國語辭典）裏的「蝴」字，作「見下」，下列「蝴蝶」；「醐」字，作「見醍醐條」；「勾」字，作「見勾當條」；蝴蝶、醍醐、勾當就是這一類複音詞。而且大多數由形聲字結合成的，表示它的類屬。

㈤多重雙聲疊韻：這種複音詞多半由四個字構成，用來描摹聲音或形象。如劈里拍拉（ㄆㄧ　·ㄌㄧ　ㄆㄚ　·ㄌㄚ）；劈、里疊韻，拍、拉疊韻，劈、拍雙聲，里、拉雙聲。又如希里呼嚕（ㄒㄧ　·ㄌㄧ　ㄏㄨ　·ㄌㄨ）、乞留曲律（ㄑㄧˇ　ㄌㄧㄡˊ　ㄑㄩ　ㄌㄩˋ）、迷留迷亂（ㄇㄧˊ　ㄌㄧㄡˊ　ㄇㄧˊ　ㄌㄨㄢˋ）、壹里兀淥（ㄧ　·ㄌㄧ　ㄨˋ　ㄌㄨˋ）、唧里咕嚕（ㄐㄧˊ　·ㄌㄧ　ㄍㄨ

・ㄉㄨ）、滴里都魯（ㄉㄧ ・ㄉㄧ ㄉㄨ ㄉㄨˊ）。這一類是屬於比較複雜的衍聲結構，只取聲感。元劇李逵負荊：「他這般乞留曲律的氣，迷留迷亂的醉，壹里兀渀的睡。」這種結構的複音詞也並不太多。

㈥感歎：我們有了強烈的情感的時候，常用帶有感情的叫聲來表現它；所以感歎詞純粹是用來記音的。譬如被人踹了一腳，你自然會發出「哎呀」的喊痛聲。哀傷痛哭，嘴巴一扁，自然會發出「嗚呼」、「噫嘻」之類呼天叫地的呼聲。快樂的時候，自然會發出「嘻嘻」、「哈哈」、「呵呵」之類的笑聲。感歎詞都是以這種方式構成的。它和語氣詞一樣，很多仍然是單音詞。如啊、哼、呸……。但也有一些是複音詞，如表示驚奇的有啊呀、啊嗄（ㄚˋ ㄚˊ）、嗳呀、喔唷（ㄛ ㄧㄛ）；譏笑的有喔呀、哦呵；抱怨的有嗳喲（ㄞˋ ㄧㄠ）、哎喲、喔嚄（ㄛ ㄏㄨㄛˋ）……。

㈦狀聲：宇宙間的萬物（風雨山川、鳥獸蟲豸）都有它的聲音，我們用語言去描摹這種種聲音，就產生了「狀聲詞」。劉勰說：「喈喈逐黃鳥之聲，喓喓學草蟲之韻（註九）。」這種摹聲詞，只是記錄聲音的符號，沒有什麼意義。有的摹寫很像，有的不像；因為語言與文字畢竟不是錄音機，自無法非常準確地記下所聽到的聲音。它的結構方式很多，重疊如關關（鳥聲）、嚶嚶（鳥聲）、潺潺、淙淙（水聲）、汪汪、吼吼（狗叫聲）、咩咩（羊叫聲）、喔喔（雞叫聲）、噹噹（鐘聲）、呼呼（風聲）。雙聲如澎湃（浪濤聲）、丁當（琴聲）、嘀咕（囉唆聲）、呢喃（燕子叫聲）、蕭颯（風聲）。疊韻如淅瀝（雨聲）、砰轟（大砲聲）、呼嚕（鼾聲）。鑲疊如撲咚咚（鼓聲）、嘩喇喇（落葉聲）、骨嚕嚕（痰聲）、屹撲撲（心跳聲）。雙疊如低低打打（喇叭聲）、吱吱喳喳（麻雀聲）、滴滴答答（鐘錶聲）。多重雙聲疊韻，如咕哩咕嚕（說話聲）、劈里拍拉（碗盤摔破聲）、嘰咿嘰咿（蟬聲）、轟隆轟隆（雷聲）、丁鈴噹噹（鋼琴聲）、撲通通冬（墜水聲）、廝琅琅湯（鈴聲）、劈丢撲冬（打水聲）。這類狀聲詞，除了聲感外，有些人還故意給它一些意義。如布穀（播穀鳥聲）、不如歸去（杜鵑叫聲）、行不得也哥哥（鷓鴣叫聲）、踏踏踏（踏步聲）。在詩人作家的筆下，狀聲詞是極富有文學生命的。

(八)反切：是舊式的拼音方法，利用兩個字來切成一個字的音；上字取它聲母，下字取它韻母。如「公」字是由「古紅」二字切成，結合「古（ㄍㄨˇ）」字的「ㄍ」母，與「紅（ㄏㄨㄥˊ）」字的「ㄨㄥ」韻，切成讀「ㄍㄨㄥ」的「公」字。明田汝成說：「杭人有以反切爲言者，如以『秀』爲『鯽溜』，以『精』爲『鯽令』。」今詞「機靈」由此變化出來的。反切字，過去在方言裏，也常用來代替本字使用的，而形成複音詞。如不律（ㄅㄨˊ ㄌㄩˋ）——筆（ㄅㄧˇ）。扶搖（ㄈㄨˊ 一ㄠˊ）——飆（ㄅㄧㄠ）。窟窿（ㄎㄨ ㄌㄨㄥˊ）——孔（ㄎㄨㄥˇ）。蒺藜（ㄐㄧˊ ㄌㄧˊ）——茨（ㄘˊ）。突欒（ㄊㄨˊ ㄌㄨㄢˇ）——團（ㄊㄨㄢˊ）。即零（ㄐㄧˊ ㄌㄧㄥˊ）——精（ㄐㄧㄥ）。而已（ㄦˊ 一ˇ）——耳（ㄦˇ）。衚衕（ㄏㄨˊ ㄊㄨㄥˋ）——胡同——巷（ㄒㄧㄤˋ）。這種用法散見古代書史中。現在已沒有人用這種方式來構詞了。

(九)方言：我國語言中有許多同義異音的詞，這多半是由於方音的不同。同一事物，由於各地方言不同，用詞也就不一樣了。譬如形容女人的美，揚雄在「方言」中說：「吳、楚、衡、淮之間曰『娃』，宋、衞、晉、鄭之間曰『豔』，陳、楚、周南之間曰『窕』，秦、晉之間謂之『娥』，或謂之『好』。」形容草木有刺，「關東謂之『梗』，關西謂之『刺』，江、湘之間謂之『棘』。」單音詞如是，複音詞也是這樣的。如布穀鳥，大概各地都是由牠的鳴聲來取名，卻稍有不同。揚雄說：「關東西梁、楚之間謂之『結誥』，周、魏之間謂之『擊穀』，自關而西或謂『布穀』。」郭璞注：「今江東呼爲『穫穀』。」又如黃鶯，摹牠的叫聲（ㄏㄨㄤˊ ㄌㄧˊ），叫做「黃鸝」、「黃離」，由牠羽毛黃色，叫做黃鳥、黃雀、黃鶯，古又稱倉庚。又如螻蛄，由叫聲「拉拉古」來的；吃泥土，又叫土狗。蛙，叫聲「蟈蟈」，就叫「蟈蟈兒」；色綠又叫青蛙；味如雞，又叫田雞、水雞，又叫蝦蟆。由此種種原因，就產生了許多異音同義的複音詞。這些複音詞，有的音一樣，寫法不同。如「彷徨」一詞，表示在一個地方走來走去，流連不進；寫法有仿偟、旁皇、方皇、房皇，都讀作「ㄆㄤˊ ㄏㄨㄤˊ」。語音隨地域間隔，逐漸轉變，相距越遠，轉變越大。譬如和「彷徨」同義的，就有彷徉（ㄆㄤˊ ㄧㄤˊ）、仿佯（ㄆㄤˊ ㄧㄤˊ）、盤桓（ㄆㄢˊ ㄏㄨㄢˊ）、般桓（ㄆㄢˊ ㄏㄨㄢˊ）、徘徊（ㄆㄞˊ ㄏㄨㄞˊ）、裴回（ㄆㄟˊ ㄏㄨㄟˊ）、徜徉（ㄔㄤˊ ㄧㄤˊ）、尚羊（ㄕㄤˋ ㄧㄤˊ）、躊躇（ㄔㄡˊ ㄔㄨˊ）、躊佇（ㄔㄡˊ ㄓㄨˋ）、踟躕（ㄔˊ ㄔㄨˊ）、彳亍（ㄔˋ ㄔㄨˋ）、躑躅（ㄓˊ ㄓㄨˊ）、趦趄（ㄗ ㄐㄩ）、留連（ㄌㄧㄡˊ ㄌㄧㄢˊ）……幾十個詞。又如骨董、汩董、古董都是方言，沒有一定的寫法，用稱古物。擔閣又作耽閣，這都是方言記音的緣故；所以「亭當（停當）、安伏（安撫）、摸稜（模稜）、末殺（抹殺）、邏沙（囉唆）、遮騰（折騰）、含胡、操剌、閃賺、打揲（打疊）、般擔（搬擔）、跋剌（潑剌）、別扭（彆扭）」，這些詞原都是記錄方音的方言詞，後人在文字上略加變動，改成有意義的形聲字，如括號內所注，比較容易辨識了。沒有改動的如操剌（粗猛）、閃賺（虛詐），今多不用了。又如北平人稱「促織」爲趨趨（ㄘㄨˋ ㄘㄨˋ），後來轉變爲蛐蛐兒（ㄑㄩ ·ㄑㄜㄦ）。趨是促織的連讀。因方言的關係，衍生了許多複音詞。

㈩兒化捲舌韻：現在，我國的語言學家都把用在一個詞後面的「兒」字，當作「詞尾附加字」。這種說法不很恰當。我認爲「兒化韻」，只是像北平、四川這些官話地區的一種語言的特色。當他們說某些詞的時候，常常連帶捲起了舌頭，然後發出聲音；在這樣的聲音裏，就自然帶有「兒」味的捲舌韻。譬如我們捲舌讀「花（ㄏㄨㄚ）」字，自然成「花兒（ㄏㄨㄚㄦ）」。「蕪湖縣志」記「昨日」、「今日」、「明日」的捲舌音，就作「錯俄格」、「各兒格」、「門兒格」；就是今天我們所說的「昨兒個」、「今兒個」、「明兒個」，簡化成「昨兒」、「今兒」、「明兒」。「兒」字和前邊那一個字的字音，連讀成一個音節，變成了「捲舌韻」的收尾，叫做「ㄦ化韻」。當然，從文字來看，多了一個「兒」字，好像詞尾；但從聲音來聽，跟上字合成一個音，實在感覺不出「詞尾」的作用。所以「兒」字不是一個詞尾附加字，只是記捲舌韻的一個音標。這裏，我把它歸於「衍聲」一類來討論。

「兒」字和他字連用，除了極少數的詞，如男兒（ㄋㄢˊ ㄦˊ）、女兒（ㄋㄩˇ ㄦˊ）讀兩個音節；其他都和上字併合成一個音節，如老媽兒讀（ㄌㄠˇ ㄇㄚㄦ）、花兒讀「ㄏㄨㄚㄦ」。讀這類兒化詞，有變音、不變音、變調三種（註一〇）：

1.不變音：「ㄦ」與「ㄚ」、「ㄛ」、「ㄜ」、「ㄠ」、「ㄡ」、「ㄤ」、「ㄥ」、「ㄨ」結合，其音不變，只是連在一起，結成「ㄚㄦ」、「ㄛㄦ」、「ㄜㄦ」、「ㄠㄦ」、「ㄡㄦ」、「ㄤㄦ」、「ㄥㄦ」、「ㄨㄦ」一個音節。如老媽兒（ㄇㄚㄦ）、山坡兒（ㄆㄛㄦ）、被窩兒（ㄨㄛㄦ）。這兒（ㄓㄜˋㄦ）。小貓兒（ㄇㄠㄦ）、撒嬌兒（ㄐㄧㄠㄦ）。眉頭兒（ㄊㄡˊㄦ）、小妞兒（ㄋㄧㄡㄦ）。魚缸兒（ㄍㄤㄦ）、花腔兒（ㄑㄧㄤㄦ）。蜜蜂兒（ㄈㄥㄦ）、瓶兒（ㄆㄧㄥˊㄦ）、小洞兒（ㄉㄨㄥˋㄦ）。整數兒（ㄕㄨˋㄦ）。

2.變音：有四種變法：

a、「ㄦ」與「ㄞ」、「ㄢ」結合，變成「ㄚㄦ」。如小孩兒（ㄏㄞˊㄦ→ㄏㄚˊㄦ）、一塊兒（ㄎㄨㄞˋㄦ→ㄎㄨㄚˋㄦ）。盤兒（ㄆㄢˊㄦ→ㄆㄚˊㄦ）、聊天兒（ㄊㄧㄢㄦ→ㄊㄧㄚㄦ）、手絹兒（ㄐㄩㄢˋㄦ→ㄐㄩㄚˋㄦ）。

b、「ㄦ」與「ㄝ」、「ㄟ」、「ㄣ」、「ㄭ」結合，變成「ㄜㄦ」。如蝴蝶兒（ㄏㄨˊ ㄉㄧㄝˊㄦ→ㄏㄨˋ ㄊㄧㄜˇㄦ）、葉兒（ㄧㄝˋㄦ→ㄧㄜˋㄦ）、小雪兒（ㄒㄩㄝˇㄦ→ㄒㄩㄜˇㄦ）、一會兒（ㄏㄨㄟˇㄦ→ㄏㄨㄜˇㄦ）、寶貝兒（ㄅㄟˋㄦ→ㄅㄜˋㄦ）、盆兒（ㄆㄣˊㄦ→ㄆㄜˊㄦ）、

起勁兒（ㄐㄧㄣˋㄦ→ㄐㄧㄜˋㄦ）、樹枝兒（ㄓㄦ→ㄓㄜㄦ）、小池兒（ㄔˊㄦ→ㄔㄜˊㄦ）、辦事兒（ㄕˋㄦ→ㄕㄜˋㄦ）、瓜子兒（ㄗˇㄦ→ㄗㄜˇㄦ）、刺兒（ㄘˋㄦ→ㄘㄜˋㄦ）、雨絲兒（ㄙㄦ→ㄙㄜㄦ）。

c、「ㄦ」與「ㄧ」結合，變成「ㄧㄜ」。如玩藝兒（ㄧˋㄦ→ㄧㄜˋ）、小雞兒（ㄐㄧㄦ→ㄐㄧㄜ）。

d、「ㄦ」與「ㄩ」結合，變成「ㄩㄜㄦ」。如俗語兒（ㄩˇㄦ→ㄩㄜˇㄦ）、對句兒（ㄐㄩˋㄦ→ㄐㄩㄜˋㄦ）。

3. 變調：兒化詞如果重疊，下面一個音節就變成陰平調。如薄薄兒（ㄅㄠˊㄅㄠㄦ）、好好兒（ㄏㄠˇㄏㄠㄦ）、慢慢兒（ㄇㄢˋㄇㄢˋㄦ→ㄇㄢˋㄇㄚㄦ）、快快兒（ㄎㄨㄞˋㄎㄨㄞˋㄦ→ㄎㄨㄞˋㄎㄨㄚㄦ）。

兒化詞，與語言聲音關係的密切，由此可見。有人說加個「兒」字，可以使「非名詞」名詞化：如將形容詞「尖」字，捲舌說做「尖兒」，就變成名詞。也有人說，「兒」字在口語裏，是用來表示輕鬆、不重要、少數、鄙視、小巧、愛惜……的語氣或意味的；如賞青兒（指花草）、月娘兒、小興兒（人名）、沒神兒、小缸兒、好魚兒、碗邊兒、小癟兒、老毛病兒、燈光兒、亮光兒、干絲兒、烟絲兒、小錢兒（都捨不得花）……之類，都要捲起舌頭來說的。反之，表示謹愼、重要、大、多、嚴重、不愛惜的語氣的，如看青（指禾稼）、娘（稱母親）、劉興、有精神、大缸、鰱魚、雙邊（邊疆）、膿瘡、大病、日光、月光、蠶絲、（亂花）錢之類，都要正讀，不可以「捲舌」說，也就是說不能加「兒」字（註一一）。也有人說：加「兒」音，可以使說話的語調柔美好聽。我們閩、粵、臺灣地區的人說話，大都不帶「兒」尾，這跟官話地區的不同。當然少數的一些「兒」字，也作詞尾用。如盧仝詩：「病客還聽百舌兒。」金昌緒春怨詩：「打起黃鶯兒。」這只是詩人筆下的用法。

三、重疊

重疊，就是一個字重疊地用，過去叫做「重言」，現在叫做「疊字」或「重疊詞」。詩經、楚辭、諸子百家的作品裏都早已廣泛應用。明方以智作「通雅釋詁」，就有「重言類」，收了很多例子。詩經所用的重疊詞，多半用來描寫人事景物的形貌和聲音。如「關關雎鳩」（鳥聲）。「灼灼其華」（花好貌）。稍後有重疊的動詞；如「以是忿忿」（忿怒）。名詞則比較晚起。唐宋時，才有人用疊字「爺爺」、「爸爸」、「媽媽」稱呼人。在楚辭裏，已有鑲疊詞，如愁鬱鬱、穆眇眇。疊字的形式，早期大都還不出「詩經」的用法；到了白話文學如唐白居易詩、變文，宋平話小說，元雜劇興起之後，作家才大量地運用「雙疊詞」與「鑲疊詞」。雙疊詞，如冷冷清清、藹藹鬱鬱。鑲疊詞，如香噴噴、冷颼颼。現在將「重疊」、「雙疊」、「鑲疊」三種結構與用法，介紹如下：

㈠重疊：同一字重疊成複音詞。如爺爺、奶奶、爸爸、媽媽（稱呼語），娃娃、蟈蟈兒、餑餑（一般用語），杯杯、糖糖（兒語），天天、日日、個個（單位詞）——以上爲名詞。又如紅紅、嫩嫩、香香（寫物），吼吼、哞哞、喘喘（狀聲）——以上爲形容詞，含有加強意義的作用。又如「慢慢」走、「漸漸」惡化、「冉冉」上升、「悠悠」我思——以上爲副詞，也有加強意義的作用。又如笑笑、想想、跑跑、逛逛——以上爲動詞；後面的一字往往轉化，用來表示動作的時間；「笑笑」等於說「笑一笑」、「笑一下」的意思。

㈡雙疊：雙疊詞大都由兩個字的複詞衍化來的。如「冷清」衍化成「冷冷清清」；「悽慘」衍化成「淒淒慘慘」。又如上上下下、裏裏外外、慌慌張張、甜甜蜜蜜、細細嫩嫩、翠翠綠綠、呼呼嚕嚕、唧唧呱呱、來來去去、喜喜歡歡、高高興興，都是雙疊詞。動詞性的複音詞，有時也可以用「重覆」方式來重疊的，如「抖擻抖擻」精神。讓他「高興高興」。你也應該「振作振作」吧。

㈢鑲疊：就是在疊字的前面，再鑲一個單字，造成一些比較複雜的形容詞、副詞。如嬌滴滴、靜悄悄、笑哈哈、花喇喇。宋、元以後，通俗文學家在小說與戲曲裏大量採用。現代作家也經常用這種鑲疊詞。鑲疊詞的結構，可以分做四種：

1. 嬌滴滴型：詞義是放在第一字「嬌」的上面，疊字「滴滴」部分只是用來幫助加強第一個字的意義，本身並沒有意義。這類鑲疊詞很多，如香噴噴、髒兮兮、羞答答、紅溜溜、喜孜孜、滴溜溜、熱剌剌、瘦巴巴；所以要造這種鑲疊詞，取義的著眼點，應該放在第一個字上。

2. 靜悄悄型：第一字「靜」有意義，下面的疊字「悄悄」也有意義。要造這種鑲疊詞，取義應該注意到兩點；譬如「晨霧」，除了霧的白色外，還有一片茫然的意味在內；所以可以將「白」

和「茫茫」結合成「白茫茫」來形容它。其他如「白濛濛」的烟雨；「白閃閃」的刀光；「白花花」的銀子；「白嫩嫩」的皮膚。都是這樣構成的。這類鑲疊詞非常多；如亂紛紛、膽怯怯、細濛濛、黑甜甜、乾癟癟、血淋淋、熱鬧鬧。

3.笑呵呵型：第一個字「笑」有意義，下面的疊字「呵呵」只取它的聲音。這個「鑲字」，往往是用來表示動作；疊字是用來描摹這個動作所發出的聲音。如「笑呵呵」的「呵呵」就是笑聲。又如哭呀呀、笑呷呷、響擦擦、鬧轟轟、怒訌訌都是。鑲字如果是名詞，也有動作化的趨向，如舌刺刺、水嘩嘩。

4.花喇喇型：三個字完全只取字音，不管它意義，等於記音的符號。如呼嚕嚕（風聲）、咕嚕嚕（腹鳴聲）、淅瀝瀝（雨聲）、花喇喇（落葉聲）、撲咚咚（鼓聲）。

四、附加

我國的語言，因爲單字同音太多了，在聽覺上非常容易造成「聽盲」；所以在一個單字（單音詞）的前頭或後頭，附加一個虛字；如在「爹」字的前頭，附加個「阿」字成「阿爹」；在「桌」字的後頭，附加個「子」字成「桌子」；「走」字的後頭，附加個「了」字成「走了」。這一種「附加字」的本身，應該是沒有意義的，目的只是在使這個單音詞增加一個語音，變成複音詞，或複音性質，並且藉此標出這一個詞的詞性，另一方面也延宕了辭氣，使詞義更加明晰。附加的方式有詞頭和詞尾兩種。

㈠詞頭：常用的附加字：如名詞常用「阿」字；動詞常用「打」字、「所」字；形容詞常用「可」字。

1.名詞詞頭：加「阿」字。據顧炎武「日知錄」的說法，在漢朝就已存在。如稱劉輿爲「阿輿」。魏、晉以後，用的更多，常和姓氏、名字、職位連用。如阿瞞（瞞，曹操小字）、阿斗（蜀後主劉禪小字）、阿咸（晉阮咸）、阿監（太監）。父、母、公、婆、兄、弟、姊、妹……也都可以加上「阿」字。如阿爹、阿媽、阿公、阿婆、阿姊、阿妹……。就是不知道什麼人，也可以連成「阿誰」。甚至稱物也可以加「阿」字，如阿貓、阿狗、阿芙蓉（鴉片）。阿呆、阿木林（上海話木頭人）。

2.動詞詞頭：「所」字原是聯結代名詞，常加在動詞上。如所害、所騙、所疑、所生、所說、所知、所得、所憂懼。「打」字原是動詞，本身有許多含義；作詞頭用，常加在動詞上。如打消、打工、打聽、打坐、打掃、打獵、打扮、打嗝、打瞌睡、打噴嚏。

3.形容詞詞頭：「可」字原是助詞，加在動詞前面，就使動詞變成形容詞。如可親、可愛、可歎、可恨、可惡、可笑、可喜、可憐、可怕、可惜、可悲、可靠。

㈡詞尾：名詞、動詞、形容詞、副詞所用的詞尾附加字，各自不同。

1.名詞詞尾：常加「子、頭、裏、面、的……」之類單字。加「子」字的最多。如兒子、孩子、鼻子、肚子、帽子、鞋子、車子、料子、獅子、燕子、蟲子、桔子、竹子、法子、稿子、曲子、面子、路子、月子。動詞加「子」字，變成名詞，如梳子、剪子、箝子、蓋子、刷子、騙子、瘋子、拍子、瞎子。形容詞加「子」字，變成名詞。如老子、小子、瘦子、胖子、麻子、傻子、亂子。加「頭」字的，如山頭、裏頭、外頭、想頭、吃頭、兆頭、挑頭、心頭、念頭、苦頭、甜頭、彩頭、老頭，也都成了名詞。加「裏」字的，如心裏、城裏、屋裏、家裏、水裏；加「面」字，如鏡面、被面、水面、裏面、門面。「裏」與「面」之類附加字，都有一些指示方位的作用。加「的」字，如賺的、偷的、當家的、燒飯的、偷漢的，是省略的用法。如燒飯的是燒飯的老婆的省略，賺的是賺的錢的省略。

2. 動詞詞尾：加「著、了、住、住了、起、起來、出、出來、來……」之類助動詞。如坐著、彈著、唱著。走了、跑了、想了。擱住、擋住、卡住。卡住了、擋住了。拉起、車起、想起。拉起來、想起來。聽出、說出、聽出來、說出來。跑來、看來、說來。車了起來、說了出來。

3. 形容詞詞尾：加「的」字。如紅的、白的、美的、醜的、淡的、濃的、熱的、冷的、扶疏的、浪漫的、香噴噴的、髒兮兮的、靜悄悄兒的、白白淨淨兒的。在我們的口語裏，名詞和動詞加「的」字，也都變成形容詞。名詞如「國家的」政策，「民族的」精神，「葡萄酒的」香醇，「聲調的」優美。動詞如「講演的」動人，「教學的」成功，「製造的」過程，「送來的」笛聲，「戀愛的」甜蜜，「縱橫著的」畫舫，「飛奔著的」星球。這類詞大部分已經是複音詞。

4. 副詞詞尾：加「地、的、然、爾……」之類。如「漸漸地」漲價、「慢慢地」走、「努力地」

工作。「漸漸的」漲、「慢慢兒的」走。「冒然」來了、「悻悻然的」走了。「莞爾」而笑。

五、翻　譯

外國語很早就傳入我國，漢朝與匈奴交通，就輸入「單于」、「閼氏」、「居次（公主）」、駃騠等新詞。對西域交通，傳入「大月氏」、「大宛」、葡萄、琥珀等詞。這些詞大抵都是直接音譯。魏晉南北朝隋唐時代，佛教的經典自印度傳入，大量翻譯，有音譯也有義譯。唐釋慧琳的「一切經音義」、宋釋法雲「翻譯名義集」所收的外來語，各以千計。丁福保編「佛學大辭典」所收詞，總有兩三萬。明初火原潔、馬沙亦黑奉勅編「華夷譯語」，收有蒙古、朝鮮、琉球、日本、暹羅、畏兀兒、滿剌加……等語，用漢字記音。自從和歐美交通之後，世界各國的語詞更是大量輸入。中華書局（一九八〇年）出版的「辭海」附錄西文索引，所收的外來詞多到一萬八千七百多個。一九八一年，國語日報出版部編有「外來語詞典」，收有常用的外來語一千多條。外國的語詞多半是由兩個以上的音節構成，所以翻譯外來語，大多形成複音詞。翻譯的方式有五種：

㈠逕襲：日本過去受漢字的影響，常用漢字翻譯西方的語詞。我們翻譯西方語詞，又常自日文轉譯進來，因此就將日文中的這一類譯詞直接襲用進來的也有。如童話、觀念、概說、手續、目的、貨幣之類。

㈡音譯：過去像佛經的翻譯，據梵語音譯的也很多，如陀羅尼、薄伽、般若、涅槃、南無、菩提。現在譯他國文字也多採取音譯，如宙斯（Zeus）、曼陀林（mandolin）、德律風（telephone）、邏輯（logic）、的士（taxi）、彌撒（missa）、摩登（modern）、烟士波里純（inspiration）、烏托邦（Utopia）、巴士（bus）、淡巴菰（tobacco）、格林蘭（Greenland）、三文治（sandwich）。

㈢義譯：翻譯外來語，根據詞義來翻的，叫做「義譯」，又叫「意譯」。如陀羅尼—總持。涅槃—圓寂。般若—智慧。南無—歸命、歸依、敬禮等義。曼陀林—琴。德律風—電話。邏輯—理則學。的士—計程車。摩登—時髦。烟士波里純—靈感。烏托邦—理想國。巴士—公車。淡巴菰—煙草。格林蘭—綠洲。年鑑（year book）。

㈣半音半義譯：如爹地（daddy）、珂羅版（collotype）、康橋（Cambridge）、新幾內亞（New Guinea）、腸加答兒（bowel catarrh）、冰淇淋（ice cream）、保齡球（bowling）、愛克斯光（x-ray）。

㈤音義兼譯：如芒果（mango）、幽默（humour）、理性（reason）、三溫暖（sauna）。

結論

由上面的探討，可見我國複音詞的形成與組合的情況。現在翻開辭海、辭源、國語辭典所收的詞十之八九是複音詞，一切都說明中國語文發展的趨勢，是走向多用複音詞來表達意思的。康熙字典收有四萬多字，但我們實際應用的常用字不過四五千字罷了；這區區數千字就能夠表達我們複雜的知識，情思與生活，主要就在於有了複音詞，大大擴展了中國語文的運用範圍。最重要的是我們瞭解複音詞的結構，我們就能夠運用構詞法來製造新詞，增加我們的詞彙。這樣，說起話寫起文章來，各種詞彙就會滔滔不絕地湧了出來，適當地表達我們自己的意思，自然「不愁沒詞兒說」，對於教學國語也有相當的幫助。

【附註】

註　一：見「荀子正名篇」。

註　二：兩個字聯綴成一個意義的，叫「聯緜字」，又叫「謰語」。

註　三：「爾雅」，相傳爲周公所著；孔子、子夏、叔孫通加以增補。「大戴禮・孔子三朝記」，稱孔子教魯哀公學爾雅。

註　四：「爾雅」省稱「雅」，故後代注釋文字意義的書籍，多沿稱「雅」。「廣雅」、「駢雅」之類都是。

註　五：馮長青「國語構詞」，自費出版。

註　六：黃麗貞「金元北曲語彙之研究」，臺灣商務印書館出版。

註　七：方師鐸「國語詞彙學」，臺北益智書局出版。

註　八：王宏先「複音詞聲義闡微」，商務印書館出版。

註　九：見「文心雕龍，物色篇」。

註一〇：「兒化詞」的變音、不變音與變調的條例，係依據鍾露昇的「國語語音學」第十章「儿化韻」而定。

註一一：說取河北「獻縣志」卷十七「故實志」。

（原刊於民國七十三年十二月二十七日第一屆世界華文教學研討會論文集，再刊於七十四年六月「師大學報」第三十期）

詞組和句型

從前研究語言的學者所討論的，是詞類、詞性、詞在句子中的位置，詞與詞的關係、句子的結構等等問題，偏重學理的探討；近二三十年來，有一派語言學者純從實用方面來研究詞與詞的組合方式，句子的結構型態，幫助一般人說話與寫作。

劉勰在〔文心雕龍．章句篇〕中，說：「夫人之立言，因字而生句，積句而成章，積章而成篇。」又說：「篇之彪炳，章無疵也；章之明靡，句無玷也；句之清英，字不妄也。」劉勰所說的「字」，就是現代人所謂「詞」；「章」，就是所謂「段落」。這是說明：將若干個詞（詞組）連綴起來，成為一個句子；若干個句子連綴起來，成為一個段落；若干個段落連綴起來，成為一篇文章。要想把一篇文章寫好，先要把每一段文字搞好；要想把一段文字搞好，先要把每一個句子造好；要想把每一個句子造好，先要把每一個詞（詞組）用好。現在專研究詞組和句型的語言學者，認為我們只要熟練了一些基本的詞組與句型後，就可以運用於寫作，而後我們造出的句子，自然通順。在臺灣研究華文的詞組與句型的，有方師鐸、鍾露昇、湯廷池、葉德明；在大陸有張中行等人。我覺得練習詞組和句型，對寫作文章，的確有幫助。這裏就張氏等人的理論，加以簡括補充，配上新例子，並加說明，寫成這篇文章，以供學者參考應用。

在學習與應用之前，我要提醒各位，造詞造句，都要用「同類」、「擴展」和「變化」三個原則。譬如造句：

⑴我吃飯（我是主語；吃飯是謂語；吃是謂語中的動詞，飯是賓語）。

⑵你吃麵。

⑶他吃麵包。

是屬於同一類的句型，就主語和賓語，加以變化。

⑴我吃飯。

⑵你喝茶。

⑶他唱歌。

仍然是屬於同一類型的句式。由此又可類推，如：

⑴我們參加運動。

⑵中華民族擊敗了任何外族的侵略。

⑶猴子喜歡吃花生。

上面三個例子，跟「我吃飯」句型，仍然是同一類的。只不過⑵⑶兩句加入了其他的詞而已。這加入的詞，就是所謂「擴展」。其實，每一類句子的基本形式，都非常簡單，但因變化與擴展的緣故，而由簡單趨於複雜，而覺得有許多寫法似的。譬如：

(1)花開

這兩個字，已經可以獨立成爲一個最簡單的句子，若再加上許多形容、連繫的文字，就是「擴展」的部分，在意思上就變得複雜，內容也顯得充實起來。如：

(2)那棵生在牆邊的梅花，在這大雪飄飛的天氣裏，開得很盛。

這個句子，在本質上看，仍然是「花開」，其他的文字都是「擴展」的結果。

「同類」、「變化」和「擴展」，是運用詞組和句型來寫作，必須把握的三原則。靈活應用，文章自然能夠寫得通順巧妙了。現在，我就分詞組和句型兩方面加以論述：

一、詞組

詞，在語言學上說，是用來表示一個最小的意念。如「人」就是最有靈性智慧的動物，我們就是人。我國的詞，除了分爲名詞、代名詞、動詞、形容詞、副詞、連詞、介詞、感嘆詞、語助詞等九類外；由於音的多寡，又分有單音節的詞，如：花、鳥。複音節的詞，如：人類、國家、太平洋、自來水、中華民族、印度尼西亞。兩個以上的詞組合起來，就成了詞組。如車馬，就是車和馬兩個詞的組合。據此類推，風花雪月、騎馬、坐飛機、蔚藍的天空，都是詞組。詞組不止含有一個意念。譬如「

風花雪月」，就含有「風、花、雪、月」四個意思，和只用一個「花」字不同。「蔚藍的天空」含有「蔚藍的」和「天空」兩個意思，和單用「天空」一詞的不同。又因組合方式不同，而有各種類型的詞組。像「風花雪月」和「蔚藍的天空」就是兩種不同類型的詞組。這裏選一些最常見的詞組，介紹如下：

㈠並列聯合關係的詞組

兩個詞，不分主要或次要地連合一起，叫做並聯詞組。如：問答、貧富、工商、你我、國家民族、虛無縹緲、醇酒美人、春花秋月……都是兩項的組合。也有不限於兩項的，如：柴米油鹽、風花雪月、神仙鬼怪……。

並聯詞組的中間，常常用一些連接的詞語，如「和、與、同、及、幷、跟、並且、而、而且、或、或者、有、有的、甚至、又……又，既……又，也……也，不但……而且，且……且，載……載，一面……一面，邊……邊，把它們相連起來。如：硯和筆。失敗與成功，戀愛與結婚。你跟他。吃的跟穿的。金錢同地位。大人及小孩子。戀愛並且結婚。結婚並且生了孩子。物美而價廉。美麗而且大方。贊成或反對。快樂或者悲哀。有善有惡，有不善有不惡的。失望到痛哭，甚至頹廢。又高又大。又可恨又可憐。既飯桶又懶惰。也吃也喝。不但努力，而且聰明。載欣載奔。邊走邊唱。且行且歌。一面讀書，一面工作。

中間，也可以加頓號來表示的，如唱歌、看電影和參加爬山。並聯詞組的各項，也可能一部分（

或各部分）是詞組。如：老人和婦女兒童。（在）進步的社會和現代的都市裏。中間也有用逗號來表示的。如：白屋頂啦，綠樹啦，青澈的流水啦，夢一樣的回憶啦。

相對的兩項並舉，表示詢問。這種語言形式，也可以看做並聯詞組。如：去不去？遠不遠？有沒有功夫？吃飯？吃饅頭？是他漂亮，還是你漂亮？

並聯的關係，有時可以延展到句中的短語方面。如：說話的態度要謙抑，道理要中肯，用詞要文雅。又如：盛氣凌人，強詞奪理，尖酸刻薄，粗語髒話都是人所不喜歡聽的。

至於句子和句子，也有這種並列聯合的關係，像平列句、排比句、對偶句、遞進句都是。

㈡修飾限制關係的詞組

用一個詞爲中心，在這詞前面，加上一個修飾或限制作用的詞。換句話說，前面的詞對後面的詞，有修飾限制的作用。這種詞組，叫做修限詞組。其中心詞，可用名詞，也可以用動詞或形容詞。

(1)中心語爲名詞的有

a、名詞，如：大雨、春花。中國人、高尚人格。結婚後生活、巴黎凡爾賽宮。

b、動詞轉化爲名詞，如：努力工作、高談濶論。

c、方位詞，如：禮堂中、屋子裏。

d、在修飾限制語詞的後面，時常加「的」字，或「以」、「之」字，如：文學的演變，光明的前途，巴黎的凡爾賽宮，淡水以北，聖人之道，民族之精神。

e、修飾語、限制語，可能不止是一個詞，而是詞組；如：希望和理想的夢。又黑又亮的眼睛。穿舊了的衣服。非常沈痛、嚴重、可怕的刺激。本月，我原以為可以從公司得到加倍的獎金。

f、同樣的，被修飾限制的，也可能是詞組。如：快樂的妹妹和姊姊。無限的悲哀苦痛。

g、有時候，修飾、限制和被修飾、限制的兩部分，都是詞組。如：自已做成的偉大人物。我和他的堅定不變的情誼。

h、在一個完整的句子中，時常含有這種修限關係的短語或短句。如：你的聲音，你的容貌，你的深情，都成了我的痛苦的回憶。我只求在你那聖潔的靈魂裏，找一個避難之所。

(2)中心語為動詞或形容詞，在前面加修飾語或限制語的。如：再唱。屢次求婚。快跪。連夜趕工。（以上動詞）。很胖。非常好。特別可愛（以上為形容詞）。這種修飾語、限制語及中心語，往往是詞組，如：在家裏忙。乾脆而決絕地破裂。努力地學習研究。的確漂亮而溫柔。多多吃飯吃菜。

㈢補足關係的詞組

這種詞組，也是用一個動詞或形容詞為中心語，而在它的後面，附加一個詞（或詞組），來補充說明它的情況，叫做補足語詞組。如：吃飽。洗乾淨。病重。壞透了。好聽極了。

中心語（動詞、形容詞）和補足語之間，常加助詞「得」字，如：走得快。死得很可惜。少得可憐。穿得漂漂亮亮的。美得連魚都沈醉了。失敗得再也不能站起來了。浪聲拍得更高，風也叫得更響。

也可以加上「了」、「在」、「到」、「入」……字。如：飛了三小時。飛在藍天上。衝到雲層裏去了。進入危險地帶。飛往美國。調出公司。

㈣動詞賓語關係的詞組

在動詞（表示動作詞）的後面，接上一個賓語（這個動作所涉及的人和事物），組成詞組，叫做動賓詞組。如：愛民族、歡迎同學、希望將來，都是。

後面的賓語，是詞組。如：發展工商業。研究反攻復國的辦法。選讀詩經、楚辭、駢文和老子。前面的動詞，有時是詞組。如：我們應該研究和討論中學生作文能力低落的原因。

賓語有時有兩個，如：稱她心肝，打他一百大板。

這類動賓詞組，有時還配合補足語的，如：請他三四回。放魚到水裏，泊舟在對岸柳樹下。接到來信一通。塡飽肚子。做了一些好事。請了五杯清酒。動詞的後面，兼有賓語、補語的詞組，比較複雜。

㈤主語謂語關係的詞組

主語和謂語組合在一起，本可成爲一個句子；但這類句子，往往只是作大句子中的一個部分，叫做主謂詞組。如：

我們應該注意他——他說：我們應該注意他的行動。

態度激烈——態度激烈地反對。

敵人跑了——一陣猛轟，敵人都跑了。

大家都笑了——他逗得大家都笑了。

他來——他來使整個局面改觀。——你看他來了。

㈥其他類型的詞組

⑴介紹詞組：介詞，如「在」、「從」、「爲」、「把」、「關於」……之類，含有介紹性質的，用以表示時間、地點、原因、方法種種關係，所以用介詞和名詞（或代名詞）組成的詞組，叫做介紹詞組。如：從今年開始。在會議室開會。爲孩子忙碌。把那本書帶回。關於你們的婚事，以後再談。

⑵判斷詞組：帶有判斷意味的詞組。判斷詞「是」和名詞之類組成的。如：我想是黃家那個姊姊抱走了。這是女朋友寫來的情書。

⑶能願詞組：帶有能願意味的詞組。常用表示意願之類的動詞和其他動詞組合而成。如：你應該努力。我們必須奮鬥下去。但願天下有情人都成眷屬。希望能考上大學。

⑷復謂詞組：在謂語部分，含有兩個以上的謂語，比較複雜。如：他拿錢買票。教學生用口語寫文章表達自己的思想。去遠東看十誡。上學校註册上課。

⑸緊縮詞組：如：越來越漂亮。要什麼有什麼。一說就到。不請自來。不愛錢不怕死。

⑹復指詞組：如：臺灣省會臺中，明天禮拜日，國文、英文、數學這三門課，唐代兩大詩人李白和杜甫，都形成重覆指示，故稱「復指」。

(7)固定詞組：以上各種詞組，文字都是可以伸縮的，而成語、專名、諺語、歇後語之類，大多不能變動，所以稱做固定詞組。

a、成語，如：百無一失。百戰百勝，燈紅酒綠。畫餅充饑。志同道合。

b、專名，如：臺灣省立師範大學。第二次世界大戰。慕尼黑會議。初中英文。

c、諺語，如：一隻碗不響，兩隻碗叮噹。小洞不補，大洞吃苦。

d、歇後語，語末一語，隱而不說。如：孝弟忠信禮義廉——無恥。雪獅子——化了。

二、句型

前面討論的，是用「詞」組合成「詞組」的一些原則與方法。現在要討論的，是由詞（或詞組）到句子的一些問題。

語言學上所謂「句子」，就是必須能夠表達一種完全的意思。根據這個界限，文法學家對句子的成立與否，有兩個說法，一種是從句子結構上立說，一種是從句子功能上立說。

從結構上立說的，認爲「一個完整的句子，必須具備主謂關係」。也就是說：一個句子必須包括主語和謂語（動詞、賓語）這兩個成分。主語，是句子的主要部分，也就是這個句子所要述說的主體；謂語，則是用來述說這個主體的動作或情態、性質、種類……等。譬如：

河堤給洪水衝壞了。

在這個句子裏，「河堤」是要述說的主體，就是主語；「給洪水衝壞了」，是用來述說主體「河堤」的情況，就是謂語。劉復說：「句子之成立，必須有一個什麼，一個怎麼樣。我們稱這個『什麼』爲主詞，稱這個『怎麼樣』爲語詞（謂語）。」換一種說法，就是句子的構成，前面的一些話，是表示「什麼」；後面的一些話，是表示「怎麼樣」，述說前面那個「什麼」。因此過去一般文法學家，提到句子，就要提出主謂關係來，認爲「主謂關係」，是構成句子的必具條件。事實上，也大半如此。凡具有主謂關係的句子，也多能表達完全的意思。

可是現在有了一派文法學者，不完全贊同主謂關係的說法，他們認爲句子的功能，既然是在表達意思，那麼，一段話或文字，成不成句子，就在於它能不能表達出完全的思想和情感。能夠表達的，就是句子。譬如：

有人敲門，你問他：「誰？」他回答說：「我。」

這個「誰」和「我」的對答，雖各僅是一個詞，但已能表達出一個完全的意思。你聽了他的答覆，已知道是某人了。在主張著重達意功能的學者看來，這裏的「誰」跟「我」都是句子，而不管它的結構如何？用一個詞，就能傳達一個意思，那這個詞，就成爲一個句子；假使費了許多詞，說了許多話，還不能將意思說得完全，那麼這許多詞，許多話，還不能算做一個句子。譬如說「我特地趕來看你」，在某種情況，說這話，已盡了達意作用，是一個句子。但當你要表達：「我非常想念你，所以今天我特地趕來看你」這個意思的時候；那「我特地趕來看你」，就只能成爲上面「我非常想念……」那個句子的一部分，而不能稱爲一個句子。語全意達，是句子構成的一個條件。

由前面討論，可得兩點結論：第一點：主謂關係對句子結構有特別密切的關係。第二點：句子的成立，關鍵在於它能不能表達完整的意思。

一般句子，組成的成分，可包括主語、謂語、賓語、補語、修飾語等幾種。主語、謂語，是句子的基本成分，也可以說，一般句子只包括主語和謂語兩部分，而賓語、補語、修飾語、限制語，都只是主謂語中的連帶部分。修飾語、限制語，是在主謂語中，用以修飾、限制名詞、形容詞、動詞用的；賓語，只是動詞的連帶部分；補語，只是動詞、形容詞的補充語意的部分。現在舉例說明如下：

(1)滿山的楓葉紅得像二月的花。

這個句子，「滿山的楓葉」屬於主語部分，「楓葉」是主詞，「滿山的」爲修飾限制語。「紅得像二月的花」，屬於謂語部分，「紅」是形容詞，「像二月的花」爲補語，說得楓葉「紅」的情況。主語是由修限關係的詞組構成，謂語是由補語關係的詞組構成的。

(2)你讀過謝冰瑩先生的故鄉嗎？

在這個疑問句中，「你」是主語；「讀過謝冰瑩的故鄉嗎」是謂語，是由動賓關係的詞組構成，「讀過」是動詞，「故鄉」是賓語，「謝冰瑩先生的」是限制語。

(3)風（主語）停了（謂語）。

(4)兩隻手（主語）又白又嫩又好看（謂語，由並聯詞組構成）。

(5)這篇欣賞論（主語）是站在雅俗兼顧的觀點上寫成的（謂語，比較複雜，有介詞，有修飾語，有連動詞）。

(6)我（主語）熱得直流汗（謂語，是由補語詞組構成）。

此外，句子的成分，還有復指語與插進語兩種成分。例如：

(1)我知道的李小姐，她是一個浪漫的女人。（「李小姐」與「她」，形成復指）。

(2)四川有兩個和尚，一個是富的，一個是窮的。（「富的」與「窮的」是上文「兩個和尚」的復指）。

(3)這事，你看，怎麼辦呢（「你看」是插進語）？

(4)園裏的花，像緋桃、銀杏、玉蘭都開得很盛（「像緋桃、銀杏、玉蘭」，是插進語）。

(5)她無論如何，總是我的妹妹。（無論如何，是插進語）。

插進語，跟句子的其他部分沒有結構關係，可以獨立抽出。

此外，還有一些虛字，如介詞「在」、「把」……，連詞「和」、「以及」、……，助詞「的」、「了」……之類，都不能獨立存在，但可以和其他語詞連合，幫助它們做句子的成分。如：(1)把魚放在鍋裏。(2)他被害了。(3)可悲的人物。(4)父親和叔叔都出去了。

還有一部分虛字，如連詞「不但、而且」，「雖然、但是」，「因爲、所以」，「既然、也」，「假使、就」……，表示語氣的助詞「啊、呢、吧、嗎、哩……」，用在句子中，僅在表示句子的並列、遞進、轉折、因果、假設……等關係，或表示這句的語氣罷了。如：

(1)他不但考取了留學的考試，而且獲得了外國大學的獎學金。（並列關係）

(2)雖然這學期成績已經進步多了，但是還要更加努力。（轉折關係）

(3)她因爲愛鈔票，所以嫁給那個大經理。（因果關係）

(4)既然他那樣說情，也就不再追究了。（因果關係）

(5)假使不讀書識理，就不會感到人生苦痛。（假設關係）

(6)再見吧！（感歎語氣）

(7)那裏能領略呢？（疑問語氣）

(8)這樣做，好嗎？（疑問語氣）

(9)唉！這是多麼淒涼的調子啊！（感歎語氣）

在文章裏，句子形式的變化很多，從文法上分析，有結構完全的，結構不完全的；有簡單的，複雜的；爲便於寫作練習起見，現在分述如下：

(一)結構完全句和結構不完全句

前面說過，我們要表達完整的思想和情感，最常用到的，是主謂關係的句子，包括主語和謂語兩個成分的句子。語法上說到結構完全句，所指的就是這種主語、謂語俱全的句子；所謂結構不完全句，也就是說主語或謂語殘缺不全，或主謂語全部省略，或根本不存在。根據現在著重達意功能的一派文法學者的意見，我們把它稱做「結構不完全句」。這種結構不完全句，依其情形，又可分做省略句和單語句。

(1)主謂句：包括主語、謂語。或者同時還包括有修飾語、限制語、賓語、補語及插進語等。例如：

a、石門水庫已經建成了。

b、我叫你不要這樣！

c、李小姐還在日月潭呢！

d、我是臺北人。

e、一斤白菜三塊錢。

f、你這渾蛋。

g、我上午趕來的。

h、這菜好吃。

i、我南洋也到過。（南洋是賓語，這是賓語前置詞。）

j、玻璃窗，誰打破的。

k、班上有四十個同學。

(2)省略句，句中某些成分（主語、謂語、賓語……）或因語言的習慣；或因行文的簡潔；或因對面說話，不必指稱；或因上下文關係，不必重覆；加以省略。例如：

a、(　)快拿去！他一定急死了！(省略「你」)

b、禮拜天，(　)能來嗎？(省略「他」)

c、我很想買件衣服給你，可是(　)卻忘了帶錢。(省略「我」)

d、你有他的消息嗎？(　)沒有(　)。(省略「我」和「他的消息」)

e、(　)下雨了。(省略「天」)

f、盼望(　)多多來信。(省略「你」)

(3)單語句：我們說話或寫文章，常常只用一個詞，或一個最簡短的詞組，就能表達出一個完整的意思。這種句子，叫做單語句。例如：

a、來！　b、早。　c、唉！　d、可怕！　e、張先生。

f、姊姊。　g、是。　h、好。　i、謝謝！　j、滾開！

k、添飯。　l、火！　m、那裏？　n、說！　o、票一張。

p、黑暗的世界！　q、多美的夢！　r、什麼東西！　s、救命！

(二)單句和複句

在前面所提的例句，大都是單句。單句，大體是由一個句子構成，表達比較簡單的意思；我們有時爲了表達複雜的意思，就得集合單句製成複句。這種在複句中的單句，又稱做分句(或子句)。例如：

a、上課鐘打了，我們快走吧！
b、後來，我到臺北讀書，我們就不得不分離。
c、前面走的梁山伯，後面跟的祝英台。
d、去洗澡吧，天氣眞熱。
e、你願意你就做吧！（少數複句，兩個分句間，也可以不分開，不加頓號）
f、你不吃我吃。
g、主啊！告訴我，誰藏著玫瑰的香露？誰採擷智慧之果？
h、說到這裏，使我想起童年的時代　我在南京讀小學的那一個秋天，正遇著敵人炮火的洗禮，於是祖父死於戰爭，這是多麼可悲的回憶！（這個複句，包括了好幾個分句）
i、沒有錢就不要亂花。（這是緊縮式的複句，近乎單句的形式）
j、你一來就把房子弄得這麼髒。
k、你看她最近長高了許多。（有人說這也是複句，但也有人說「她最近長高了許多」，只是「看」的賓語）
l、你的聲音，你的容貌，你的影子，永遠留在我的記憶中。（「你的聲音……影子」，有人說這只是並聯詞組，作主語用）

㈢特殊的句法

在我們的語言中，還有一些特殊的句法。

(1)連動格式：在我們日常生活中，各種動作常常是連著做的，或連著產生的。我們的語言，就有連動的形式，就是陳述主語的動作的動詞，不止一個。例如：

a、你趕緊去打電話叫媽媽回來。（去、打、叫三個動詞，都是陳述主語「你」的動作）。

b、大家要拿出良心來說話。

c、你別老坐著唸書寫字，也該休息了。

d、她走到樹下，摘了一朵花，聞了一下，說：「好香！」。

e、這氣，我可受不了也忍不下。

(2)賓語兼主語的格式：例如：

a、我寫了一整夜的稿子掉了。（「稿子」是「寫」的賓語，也是「掉了」的主語）

b、你別忘了這事都過去了。

c、請通知大家後天旅行。

d、請張股長派人接李教授來校作專題講演。

（原刊於民國七十三年七月十日「華文世界」33期、34期）

白話小說中的語氣詞

我們說話有種種語氣，也常常帶有種種感情，所以我們說話的時候，不但要用適當的措辭與語句，來表達情思，有時候還要用適當的「語氣詞」來加強語氣，表示感情。現代研究語法的學者，按照我們說某些話所表現出來的語氣與感情把句子分做「陳述句」、「疑問句」、「祈使句」、「感歎句」四大類。表示語氣的詞，通常是加在一個句子的末尾，也有用在開頭，或句子中間的。這「語氣詞」有文言和白話兩類。文言常用的語氣詞，像之、乎、者、也、哉、耶、歟、矣、噫、嘻、嗚呼……之類，前人研究成專著的很多，可資參考。本篇則專就「口語」來研究白話文學中的「語氣詞」的用法，由過去的白話小說看來，用法頗爲複雜。現在我從紅樓夢、水滸傳、西遊記、兒女英雄傳、醒世姻緣……等白話小說，摘錄許多例句，分別說明它的用法如下，以供各位參考：

㈠陳述句：述說事情的情形與道理的句子。例如：

「他這一年多了還沒續絃。」

「我纔碰見林姑娘。」

「在他屋裏。」

「倒是三妹妹高雅；我如今就去商量。」

「我也不知道，聽你說的怪好的，所以請教你。」

陳述句，常加各種語氣詞。這類陳述的語氣，大致可以分做決定、說明、論理、誇張、揣測、假設、忍受、不平、呼諾等九種：

(1)決定語氣：就是表示事情已成定局的語氣，用「了」字表示。例如：

「從此以後，我再不打他了。」——「了」字，又可寫作「啦」、「囉」、「咯」、「嘍」、「咧」。

「我不能遠送你了。」

「嫁給你，你甭想了！」

「你給了錢，我再不打擾你了。」

(2)說明語氣：就是表示說明事情情形的語氣，用「了」、「的」、「來」、「哩」、「的嚜」、「吶」、「呢」、「的呢」等來表示。如：

「如今孩子也大了。」——「了」有表示事情完成的作用。

「病好了。」

「我已經累的走不動了。」

「並沒有什麼新鮮玩兒的。」
「這是沒有指望的。」
「委實不是我下毒藥來。」
「是我害了他來。」
「這些字，我看來是寫得很漂亮的。」——「來」字加在「看」的後面。
「他家還有一個媳婦哩。」
「經書我是爛熟了的嚜。」——嚜音·ㄇㄜ。
「我在這兒吶。」——吶音ㄋㄚˋ。
「他在家裏呢。」
「哥哥領著我來的呢。」
「我嚐了也不覺怎麼好，還不及我們常喝的呢。」
(3)論理語氣：就是表示論說事情道理的語氣，用「了」、「呢」、「的」、「啦」、「呀」、「哩」、「哪」、「啊」、「啊呀」、「嘍」……來表示。
「我一句話沒有說，你就生氣了。」
「萬一沒人來救，一條繩掛拉死了，連老本都要勾去了。」
「你別和你媽媽吵，纔對呢。」

「只因他病得很重，這幾天沒法兒來看你的。」

「這個樣子，怎麼攙著走的。」

「對啦。」

「這孩子竟懂得跟人挨親兒啦。」

「噯，話不是那麼說呀。」

「這藥實在苦，怎麼喝得下去呀。」

「丈夫就是天哩。」

「也不該拿我的東西給那些混帳人哪。」

「二姐又不大會作詩，沒有他又何妨啊。」

「啊呀！娘子，大官人又不是別人，沒事兒相陪吃盞兒，有什麼關係！」

「那買現成的，手工實在沒有這件裁得漂亮嘍。」

(4)誇張語氣：就是敍述事情，採用誇張的語氣，用「呢」、「罷了」表示。如：

「只用挑上一茶匙，就香的了不得呢。」

「我比他還放的高呢。」

「我若不看你還知悔改，我不把你的狗腿給打斷了呢。」

「他肚子裏的故典本來多麼。」——麼音．ㄇㄜ。

「你們才快活啦。」

「這纔令人煩惱哩，說起話長著哩。」

「若說是一千，便就猜得多了。」

「也不過三百金罷了。」

「你不過是幾兩銀子買了來的小丫頭罷咧。」

「呢」是往多裏誇張，「罷了」是少裏誇張。「麼」、「啦」、「哩」、「了」的用法，同「呢」；「罷咧」同「罷了」。此外，也有用副詞，如「很」、「偏」、「甚」、「些」，「好」，「煞」，「極」、「早」來表示誇張語氣的。如：

「妙的很！」

「偏偏短命了。」

「美甚！」

「凡事小心些。」

「好大雪！」

「忙煞你老人家！」——煞，猶「極」字。

「快活極了！」

「他早就睡得很熟了。」

(5)揣測語氣：就是敍述事情，採用揣測的語氣，用「罷」、「哩」表示。如：

「他今晚上會來罷。」

「你不至於怪我哩。」

此外還有用副詞，如「大概」、「大祇」、「大致」、「也許」、「恐怕」、「可能」之類來表示。如：

「既然衣裝華麗，大概不至於沒錢罷。」

「也許還有莊小燕、段扈橋哩。」

「恐怕還得使用銀子哩。」

「可能縣裏還會派人來罷。」

(6)假設語氣：就是敍述事情，採用假設的語氣，適用「呢」字。如：

「有空呢，就來吧。」

「我們呢，就殺了也不敢進去。」

此外還常用副詞，如「若」、「假若」、「若是」、「如果」、「要是」、「假使」、「倘使」、「縱然」、「縱使」……之類來表示。如：

「若那裏催的緊，再說出來也不遲。」

「要是你有個三長兩短，你叫我依靠誰呢？」

「縱使你想要離開，我也不答應。」

(7)忍受語氣：就是談到某事雖然不滿意，卻採用容忍的語氣，用「罷了」、「也罷」以及動詞「去」字來表示，猶今云「算了」。如：

「只要是個女人罷了，還論她老少。」

「沒有罷了，說上這些閒話幹麼。」

「你老貴人多忘事罷咧。」

「這也使得，只是你多少還一些也罷。」

「這也罷了。只要你做的來，我就可以做主。」

「罷了」、「罷咧」、「也罷」，表示退讓。

「他的病百般醫治無效，想是天意如此，也只好由他去。」——放任。

「我且饒你去。」——勉強。

「只是我一生沒養個好兒子，卻教我和誰說去。」——容忍。「去」字，表示放任或勉強的容忍語氣。

(8)不平語氣：就是談到某事，帶有不滿、抱怨、不耐煩的語氣，用「嗎」、「麼」、「囉」表示。如：

「此事你們也不必出去再議了。還你定禮嗎！」

「我任憑怎麼沒見過世面，也到不了這步田地麼！」——麼音·ㄇㄚ。

「等你已經等了一整天囉。」——囉音ㄌㄨㄛ

(9)呼諾語氣：就是在談說事情時候，表示招呼、應諾的語氣，用「喂」、「唔」、「吭」、「喔」、「哦」、「誒」、「欸」、「嗄」來表示。如：

「喂，我們在這兒呀。」——招呼。

「唔，我就在這等你吧。」——答應。唔，音ㄨˊ。

「吭，這一百塊錢，你就拿走吧。」吭——音ㄟˋ。

「喔，原來是這麼回事。」——聽語。喔音ㄛ。

「哦，我知道，今晚上我一定來。」——哦音ㄛˇ。

「誒，什麼事？」——誒音ㄝˊ。

「欸，你上哪兒去？」——欸音ㄟˋ。

「欸，就這樣決定好了。」——欸音ㄞˇ。

「嗄，你明天來嗎？」——嗄音ㄚˊ。

(二)疑問句：就是表示疑問或反詰語意的句子。王了一說：「疑問和反詰，本是一種東西的兩方面，疑問句往往和反詰句相通。無疑問而問就是反詰，反詰語氣重的就接近於感歎語。」（見中國語法理論）。疑問句子的寫法，大概有下面四種：

(1)第一種疑問句，是不附加疑問或反詰語氣的用詞，純由內容或語調來表示疑問或反詰的意思。例如：

「你這哥兒，也跟著你們老太太？」

「原來是爲這個？」

「你就是陳老先生？」

「沒想到，你倒躲在家裏！」——帶有反詰語氣，接近感歎語的，用感歎號。

第二種疑問句，通常都加「疑問」或「反詰」用的代名詞或副詞。如：誰、那(ㄋㄚˇ)、那裏、哪(ㄋㄚˇ)裏、什麼、甚麼、怎、怎麼、怎麼樣、怎麼著、怎麼個、多、多少、多麼、多早晚、幾、幾個、豈、難道、敢、可、不、不是、何必、何、如何……。例如：

「誰不幫著你？」

「是誰接下了這個帖子？」

「那一點兒玷辱你！」——「那」、「哪」通用，讀ㄋㄚˇ。

「哪裏就餓死了他！」

「你看這三個字，哪一個好？」

「什麼好東西！」——「什麼」、「甚麼」通用。

「手裏拿著什麼？」

「近來又添些甚麼新書？」

「姓甚麼？叫甚麼名字？」

「為什麼反倒傷起心來！」

「誰生甚麼氣？」

「這事怎辦？」

「怎地樓上大驚小怪？」

「你怎麼不和他們一塊去看戲？」

「你既吃了我們家的茶，怎麼還不給我們家作媳婦兒！」

「以後怎麼樣過日子！」

「看他怎麼著？」

「怎麼個利害的樣子？」

「你今年多大？」

「你打算在這裏待多久？」

「來了多少人？」

「豬肉一斤多少錢？」

「多麼利害的一個女人！」

「你一點鐘能跑多麼遠？」

「襲人到底多早晚回來？」

「菜有幾樣？菓有幾品？」

「你有幾位少爺公子？」

「你這麼花天酒地的下去，豈不令人失望！」——豈、難道、敢、可、不、不是、何必、何不……

……之類，大都用來表示反詰語氣的。

「不如大家都挪進去，豈不暖和？」

「你難道不是她親生的女兒？」

「敢是他也犯了獃病？」

「這會子可好些？」

「你不見俺臉上金印？」

「現在家裏如此，那不都是你搞出來的？」——那音ㄋㄚˋ。

「這個不是叔叔？」

「何必如此傷心！」

「你明日何不起社塡詞？」

「這卻爲何？」

「比起這幅畫如何？」

第三種疑問句，添加語氣助詞。如：嗎、麼（・ㄇㄚ）、呢、哩、了、罷、呀、那（・ㄋㄚ）、啊（・ㄚ）、呵（ㄛ）、不曾、不成、沒有。例如：

「你還認得我嗎？」

「這不比直偷硬取的巧嗎？」

「你不洗澡嗎？」

「嗎」字在疑問句裏，多用於「是否問題」上；也就是說：對這個問語，答者可以用「是」或「否」來答覆的，就像上面第一句，你可以答說：「是，我認得你。」或說：「不，我不認得你。」

「你給我們家做了媳婦，還虧負你麼？」

「姑娘，吃了飯了麼？」

「麼」、「嗎」通用。舊小說多用「麼」。麼，用作疑問語氣助詞的時候，和「嗎」一樣的，讀・ㄇㄚ，不讀・ㄇㄜ。

「這可怎麼辦呢？」

「你在這裏看什麼書呢？」

「替你牽驢的小夥子是誰呢？」

「又不知道要編派那一個呢？」

「我要這麼一吃呢？」（是下棋時候說的）

「呢」字在疑問句裏，多用在「稱代問題」上，如「怎麼辦呢？」「做什麼呢？」「誰呢？」「往那裏去呢？」「那一個呢？」又「呢」字，也常用在「選擇性」的疑問句上。例如：

「這繡花是你繡得好呢，還是他繡得好呢？」

「這樁事鬧大了，我還見人不見人呢？」

「他三個哩？」──「哩」、「呢」通用。

「既是天老爺沒眼偏心，可是說那廟裏沒有屈死鬼的哩？」

「姑娘，可連日辛苦了？」──「了」，同「呢」。

「這孩子多大年紀了？」

「你也相信了？」──「了」，同「嗎」。

「要再不知足，就是太不自量了罷？」

「前邊是狄嫂子呀？」

「這旁邊牽驢子的，也是跟你的呀？」

「你就這麼煩惱那！」

「這事怎麼辦啊？」

「怎麼回事呵！」

「梳完了頭不曾？」——「不曾」之類，叫「複合語氣詞」。

「你上學不曾？面試不曾？」

「怕我們偷了你的東西不成？」——「不成」也是反詰語中常用的語氣詞。

「難道叫我做強盜去不成？」

「他來了沒有？」

「這婚事答應了沒有？」

第四種疑問句，是用相反語：「是」「不是」、「來」「不來」，構成疑問句的。例如：

「他來不來？」——「不來」與「來」相反。

「看你還哄人不哄人！」

「這事是真的還是假的？」

「問足下願那不願？」

「我們看戲去好不好？」

「你說不說？」

「我猜你待要提親，卻又害羞，是也不是？」

「你喜歡不喜歡看書畫畫？」

㈢祈使句：帶有祈求、支使、勸說、叮嚀、吩咐、催促、命令語氣的句子。例如：

「請把窗子擦一擦。」
「別走，晚上一道聽戲去。」
「拿進去！」
「這花樣頂新的，你就買一件送給大嫂。」
「快進來！」
「襲人，倒茶來。」
「你拆開來唸唸。」
「叫他！」
「吃吃看，聞聞看，香得很呢」。

「去」、「來」、「看」之類的動詞，在這裏都轉變成含有祈使語氣的詞了。

這類祈使句有時在句末加上語氣詞「罷」、「吧」。例如：

「彈一套曲子聽聽罷。」
「好妹妹，恕我這一次罷。」
「你只實說罷。」
「有人叫你說話呢！回來罷。」
「你把這沏好的茶，悶一會兒吧。」

「快睡吧。」

「我這幾個錢，你還了我吧。」

「ㄚ」這個元音，常受上字韻尾的影響，有「隨韻衍聲」的現象，所以在口語上發音有許多變化，如在「ㄧ」「ㄩ」「ㄚ」「ㄛ」「ㄜ」「ㄝ」「ㄞ」「ㄟ」後作「呀」（・ㄧㄚ），在「ㄨ」「ㄠ」「ㄡ」後作「哇」（・ㄨㄚ），在「ㄢ」「ㄣ」後作「哪」（・ㄋㄚ），在「ㄤ」「ㄥ」「ㄫ」後作「啊」（・ㄚ）。否則，講起來就很不順口；如「走哇」（ㄗㄡˇ ・ㄨㄚ），把它說成「走啊」（ㄗㄡˇ ・ㄚ），就非常彆扭，很難發音。例如：

「有話好說，千萬別生氣呀！」——氣音ㄑㄧˋ，所以用「呀」。

「快去呀。」——去音ㄑㄩˋ。

「請喝茶呀。」——茶音ㄔㄚˊ。

「咱們可快著上桌呀。」——桌音ㄓㄨㄛ。

「不要再唱這難聽的歌呀。」——歌音ㄍㄜ。

「王大娘，就請你照顧她到滿月呀。」——月音ㄩㄝˋ。

「外頭風大，快進屋裏來呀。」——來音ㄌㄞˊ。

「來遲了，你們別見怪呀。」——怪音ㄍㄨㄞˋ。

「打破了，要你賠呀。」——賠音ㄆㄟˊ。

「別再哭哇。」——哭音ㄎㄨ，所以用「哇」。

「跑哇跑哇，霧鎖了路就不能下山哪！」——跑音ㄆㄠˇ。

「小心點走哇！」——走音ㄗㄡˇ。

「你該張開眼睛看看哪。」——看音ㄎㄢˋ，所以用「哪」。

「來人哪！」——人音ㄖㄣˊ。

「這事請多幫忙啊。」——忙音ㄇㄤˊ，所以用「啊」。

「就在這裏紮營啊。」——營音ㄧㄥˊ。

「好好準備明天鄉試啊。」試音ㄕˋ。ㄓ、ㄔ、ㄕ、ㄖ、ㄗ、ㄘ、ㄙ都屬於ㄭ韻，所以用「啊」。

此外還有用「波」、「啵」(˙ㄅㄛ)、「哩」、「喲」表示祈使語氣的。例如：

「婆婆，你聽我說波。」

「月兒你早些出來啵。」

「別跟我來這一套哩。」

「快點喲。」

㈣感歎句：帶有濃厚感情的句子。我們將感情分爲喜怒哀懼愛惡欲七種；其實人的感情是非常複雜微妙的，不是七情所能概括。在對話方面，要表現這複雜微妙的感情，大抵用「有情語」——帶有濃厚感情的話來表現。例如：

「眞太可憐！」——同情。

「爸爸回來了，爸爸回來了！」——高興。

「你只管放心！我請名醫來醫治你！」——安慰。

「你跑到這風地裏來哭，弄出病來還了得！」——責備。

「你，爲什麼偏找上我？我卻偏已屬於別人！」——感傷。

「你那激動的感情，眞教人害怕！」——恐懼。

此外，我們說話還常常發出帶有各種感情的「呼聲」，幫助表達我們的感情。像長長嘆了一聲「唉」，不知裏面包孕了多少感傷之情；或喜不自勝地說：「啊哈！我們打了勝仗了！」那歡樂的情緒，躍然活現。「唉」、「啊哈」，是代表感情的一種呼聲。也就是「感歎詞」，通常加在一個句子的開頭，或句中或句末，並加感歎號「！」感歎詞很多，現在舉例說明如下：

「咍！轉過臉兒來！」——表喜樂，咍音ㄏㄞ。

「哈哈！這事可眞笑死人了！」——哈哈，笑樂。

「啞！我終於得到她了！」——啞音ㄜˋ。

「通是神仙一般，好不標致哩！」——哩表贊美。

「啊啊！難怪詩人都要做山林隱士！」——啊音ㄛ，表感歎。

「這樣神仙美眷的生活！才算快樂啊！」——羨慕。

「哼！你眞是見了女人，就不由得自己作主！」——哼，鄙斥。

「呸！好混帳的丫頭！」——怒罵。呸音ㄆㄟ。

「唗！往那裏走？」——唗音ㄉㄡ。

「咄！那不是反了麼！」——咄音ㄉㄨㄛˋ。

「噓！別叫！」——噓音ㄕ。

「噌！不要臉的東西！」——噌音ㄘㄥ。

「呲！你還敢呆在這兒找死！」——呲音ㄘ。

「好呀！他居然也反對起我來了！」——氣憤。

「啐！你以爲我不認識你這小猾頭！」——啐音ㄘㄨㄟˋ，氣憤。

「好小子啊！你和你爺辦的好事啊！」——啊音·ㄚ。

「啊呀！這一下你竟發了大財啦！」——啊呀，表驚歎。

「啊嗄！還有這一着妙棋在裏頭呢！我倒沒防備。」——驚奇。啊嗄音ㄚˋ ㄚˊ。

「吁！這是什麼話？」——疑怪。吁音ㄒㄩ。

「呵！他死了！」——驚訝，呵音ㄚˇ。

「喔唷！什麼風把你大娘給吹來了！」——喔唷音ㄛ ㄧㄛ。

「喔呀！一個大男人只會整天呆在家裏好吃懶做的！」——譏笑。

「咦！又是一副好牌！」——咦音一ˊ。驚喜。

「唉！豎子不足爲謀！」——唉音ㄞ，表悔恨。

「哎！只落得家破人亡！」——哎，歎息。

「咳！這眞是意料不到的事！」——表後悔，咳音ㄏㄞˋ。

「嘿！這孩子可是不想活了！」——嗟歎。嘿音ㄏㄟ。

「嗨！誰想到有這等報應！」——感歎，嗨音ㄏㄞ。

「可見天下人不全是見錢眼開的喲！」——喲音一ㄠ。

「噯！今兒我自己偏多事，爲他跑了半日。」——惋惜，噯音ㄞˋ。

「噯呀！這麼說就得三年的工夫呢！」——驚歎。

「噯喲！你何不早來和我說。」——抱怨。

「哦呵！來了這麼多的人！」——驚歎。哦呵音ㄛˊ ㄏㄜ。

「哦呀！又抓了一大把錢出去！」

「哦喲！這麼許多金子！」

「哦！你就是來霞士？」——疑訝。

「哎呀！原來是老弟。幾時來的？」——哎音ㄞ。

「呵呀！我今番輸定了！」——驚急。

「喝！你來了。」——喝音ㄏㄜ，表驚訝。
「啊，——」——長歎。啊音ㄚˇ。
「嗐！何必再說這些閒話呢？」——感傷。嗐音ㄏㄞˋ。
「喔嚄！糟了！」——喔嚄音ㄛ　ㄏㄨㄛˋ，表失聲驚愕。
「天哪！這事怎麼辦啊！」——悲懼。哪音·ㄋㄚ。啊音·ㄚ。
「哎喲！兒啊，每日家無米無柴，怎麼過日子呢？」——悲苦。哎喲音ㄞ　ㄧㄠ。
「噯喲！好頭痛！」——噯喲，呼痛聲。
「咳！我怎麼忘了這事！」——焦急。
「哎唷！這三字，你也不認得！」——譏笑。
「唵！你不是小偷！」——懷疑。唵音ㄢˇ。
「你要是沒有命了，就好好的去吧！」——勸解。
「人家若來欺你，你晚上就來告訴娘罷！」——叮嚀。
「啊唷唷！痛死我也！」——呼痛。
「你一個在九泉之下不怕寂寞麼！」——感傷。
「唉！親愛的母親喲！」——呼喚。
「我如何對得起你呀！」——歉疚。

「可惜是最短的夢啊！」——感歎。

「我感到了寂寞了！」——感傷。

「好不快樂呀！」——喜悅。

「再會吧！愛人！」——離別。

「噢！我的孩子呀！」——悲痛。噢音ㄒㄩˇ。

「自從她丈夫過世後，她每逢更深人靜，她就常常一個人偷偷地哭哇！」——悲傷。

「兩位都是石農的得意門生喲！」——誇張。

「感歎詞」所代表的感情，大都是隨上下文的「語意」而定的。

（原刊於民國六十七年四月中華文化復興月刊十一卷四期）

色彩詞的構造與變化

揚雄說辭賦是雕蟲小技，壯夫不為。大概他認為辭賦寫的是山川鳥獸蟲魚，所談「非先王之『法言』」，沒有意義，也就是後人所謂「嘲風雪，弄花月」的作品，難怪要鄙而薄之。吳稚暉先生早年為了建國提倡科學與工藝，也批判文學，說一些玄學美學先生，「被清風明月弄得窮愁潦倒。……青山綠野，載寢載哦，似乎神仙世界，特不免於刀俎上之宛轉呼號而終；這叫做牛羊的精神生活。」他們兩人的思想雖然不盡相同，卻都以為雕章繪句的文學是沒有用處的；可是他們偏偏又都是有名的文學家。

這樣說來，豈不是很矛盾？其實，自古以來，讀書人都免不了要舞文弄墨；不管談的是有用的學問道理，或是不切實用的風花雪月，都要弄弄筆墨的；所以近來有一些人士就乾脆討論起造句構詞的方法，幫助別人說話作文。從事國語文教育的老師，在講文章時候，也應該注意到構詞造句的方法的分析。啓發性的教學，學生才能觸類旁通，舉一反三。這篇文章僅就「色彩詞」的構造加以論介。

色彩詞，就是用於描寫色彩的詞。宇宙間萬物萬象，在肉眼看來，是有種種色彩的；寫作又怎能不講究色彩的描繪？善於應用色彩詞的，也確能將「物色」描寫得更逼眞生動。前幾天，我再讀鍾梅音的「屬於詩人的」一段文字：

我想沒有一位畫家敢在尼亞哥拉瀑布之前誇耀自己的線條與色彩，那顏色是如此之清，清得晶瑩澄澈；又是如此之艷，艷得光華燦爛！從金黃、桃紅、乳白、淡紫、蓮青，到粉紅、玉色、玫瑰紅、寶石藍、翡翠綠、象牙色……，我這樣去描寫它實在太笨拙。我怎追得上那萬馬奔騰、氣呑河嶽的水勢呢？再加上霞蔚雲蒸，瞬息萬變，我忽然想起童年夢境，以為只會天上有的，不圖竟在人間得見！

從「金黃」到「象牙色」這一連串的色彩詞，使我們可以想像到尼亞哥拉瀑布在陽光照耀下的色彩美極了。也因此引起我分析色彩詞構造的興趣。歸納前人色彩詞的寫法，大概有下面幾種講詞的型態：

㈠單字：這種色彩詞，由一個單字構成。如：白、黑、紅、橙、黃、綠、藍、青、紫、赤、褐、碧、翠、灰、金、銀……之類，在前人作品中用得最多。這些色彩詞又有兩種現象：一種是純粹的色彩詞，如白、黑、紅、黃……。一種是由稱有色東西的名詞而轉變成色彩詞，如橙、碧（綠玉）、灰、金、銀……，現在這種借用詞不斷在增加（請看下文「借用」部分）。這單字的色彩詞，在詩文裏可以單獨用。像杜甫詩：「鵝兒『黃』似酒，對酒愛新鵝。」描寫小鵝兒羽毛的嫩黃可愛，十分自然。也可以跟他字合用，形成修限詞組，如「綠」樹、「青」草、「黃」葉、「紅」花……之類，用來形容事物的色彩。也有跟他字合用，而成一個複合詞，如金橘、金粉、銀杏、白露、藍菊、藍寶石、紅包、紅血球、黑板、黃昏、黃鶯、粉蝶……之類。「『綠』樹『黃鶯』啼，『紅』花『粉蝶』飛。」就是這兩類的用法。辭典裏有關這兩類的詞兒，多到不可勝計，可以取用不盡；也可以依此方法，構成新詞。

這類單字的色彩詞，加個「色」字，就變成複合詞；如「褐色」雲，「金色」鯉魚，「白色」的晚禮服，「銀色」世界，「桃色」新聞，「黑色」的非洲大陸。

㈡重疊：單字或複合詞重疊來用，就都成了重疊詞。色彩詞也有這種用法。如「藍藍」的春江，「黑黑」的濃煙，「紅紅」的火光，「紅紅綠綠」的衣料。

㈢二色：由兩個色彩字，合成色彩詞或詞組，這如國畫的「金碧」山水。「黑白」是非，應加分辨。患鵝掌風人的掌心常有「紫白」斑點的症狀。西落的夕陽像一團「赤紅」的火焰。春聲一到，滿樹林子裏開滿了「青白色」的荔花。「青白色的荔花」，並不是青色與白色的荔花；這裏的「青白」、「紫白」、「赤紅」之類色彩詞的用法是不能分開的，所以是複合詞，而不是詞組。至於「金碧」、「黑白」，含義可以分開，但因連用一起，也常被人看做一體，當然也有人將它看成兩個詞的聯合——詞組。

㈣修飾：在一個色彩字上，加一個修飾字，以形容它的深淺濃淡……的色度，嬌艷愁怨……的情態。這上下兩個字，都可以變動，由此可以構成許許多多新的色彩詞。如以「綠」字為中心，改變上面的修飾字，可以產生「深綠」、「淺綠」、「濃綠」、「暗綠」、「慘綠」、「嫩綠」……等詞。

改變下面的色彩字，可以產生如「深紅」、「淺藍」、「濃灰」、「暗紫」、「慘白」、「嫩黃」……等詞了。用這種方法去組合新詞，當然可以豐富我們有關描繪景物的色彩的詞彙了。你看蘇軾山茶詩：「爛紅如火雪中開」，明仁宗的陽春曲：「依依弱柳含嬌翠，爛爛夭桃埋淺紅」中的「爛紅」、「嬌翠」、「淺紅」用得多好。我也用這「修飾」方法，造一些色彩詞，試擬一段描繪「春天景色」的文字吧：

在春天「初青」的田野上，呈現一片畫一般的「新綠」，農家的屋頂上鍍了一層黃金色的陽光；這是美好的一天的開始。啊，遠遠近近的都飄起了縷縷「濃灰」的、「淡青」的炊煙，隨著「淺白色」的晨霧，飛向那美麗的山邊。那裏的玉蘭花「鮮白」「微碧」地開得正盛，還有成行的山櫻也密密地綴滿了「艷紅」的或「純白」的花兒。有一個愛嬌的鄉下姑娘，穿著一身「嫣紅」，在那寧靜的路上哼著小曲子，好像快樂的小鳥兒，在「嫩黃」的垂柳間唱著好聽的春之歌。

這引號之中的色彩詞，如「初青」之類，都是用這方法構成。

㈤借用：將一些名物詞借用爲色彩詞。許多東西像金、銀、銅、柳、桃、葡萄、玫瑰、瑪瑙、寶石、咖啡、茶、象牙、玉……之類，都有它各別單純的色彩；因此作家常將這些原稱有色東西的名詞借用爲色彩詞；這也是一種「譬喻」。如孟浩然的「清明日宴梅道士房」詩：「何惜醉流霞。」借「流霞」喻美酒，兼寫酒色之紅。又「庭橘」詩：「庭橘似懸金。」「金」喻橘色黃而光艷。又「與顏錢塘登樟亭望潮作」詩：「驚濤來似雪，一坐凜生寒。」「雪」喻濤潔白而勢盛大。又「宿終南翠微寺」詩：「瞑還高窗眠，時見遠山燒。」「遠山燒」，喻夕霞紅如火。又「彭蠡湖中望廬山」詩：「瀑水噴成虹。」借「虹」寫瀑布在朝陽下幻現五彩的景色。又「襄陽公宅飲」詩：「香杯浮瑪瑙。」瑪瑙借喻杯中酒紅色美。這種用法，不但寫出景象的美，也寫出物色的美。我們稱蘆花爲「蘆雪」，茉莉花爲「玲瓏雪」，白色梅花爲「香雪」，也都是這種借用的用法。現代作家也常寫下：古銅色的皮膚，茶色的眼鏡，玫瑰色的領帶，咖啡色的西裝之類的文字。徐志摩的「泰山日出」：

東方有的是瑰麗榮華的色彩，……玫瑰汁、葡萄漿、紫荊液、瑪瑙精、霜楓葉——大量的染工，在層累的雲底工作，無數蜿蜒的魚龍，爬進了蒼白色的雲堆。一方的異彩揭去了滿天的睡意，喚醒了四隅的明霞。

他用「玫瑰汁」、「葡萄漿」、「紫荊液」、「瑪瑙精」、「霜楓葉」這些富有紅色紫色的東西來描寫日出時候，泰山四周的雲層色彩的變化之絢爛。這都是將名物詞借當色彩詞來用的一種寫法。

㈥隱喻：名物字，也可以和色彩字連用一起，構成色彩詞。如：雪白、粉白、乳白、銀白、灰白、金黃、柳黃、鵝黃、蠟黃、土黃、黛綠、翡翠綠、鴨綠、粉紅、桃紅、玫瑰紅、火紅、橘紅、石榴紅、靛青、蓮青、麥青、天藍、寶石藍……之類。上面的名物字，有譬喻的作用。如「雪白」，就是像白雪一樣的白；「寶石藍」，就是像藍寶石一樣的藍。這種構詞，就是修辭學上隱喻的方式。我由這種構詞的方法，不禁聯想到「眉似遠山綠，頰如芙蓉紅」之類的好句。像趙孟頫「早春」詩：「閒倚闌干看新柳，不知誰為染鵝黃！」用「鵝黃」寫新柳的嫩黃顏色。又如劉鶚「大明湖」：「一片白花映著帶水氣的斜陽，好似一條粉紅絨毯。」寫白色蘆花在紅色的夕陽映照之下，變成了「粉紅」色了。

(七)鑲疊：在一個色彩字下，加兩個疊字，構成鑲疊型的色彩詞，如白花花，灰沈沈，朱滴滴、烏溜溜、黑壓壓、碧茸茸、綠油油、青滲滲、黃滾滾、紅通通、金閃閃……之類。在散文、小說、戲曲中，這類色彩詞用得很多。陳摶「高臥」劇：「我睡呵『黑甜甜』倒身如酒醉。」「水滸傳」：「戴宗……不多時，引著一個『黑凜凜』大漢上樓來。宋江看見，吃了一驚。」這「黑凜凜」三字，寫黑旋風李逵的形貌的特徵，又是多麼動人！

(八)轉化：色彩詞雖然大都屬於形容詞或副詞性質的，可是也會隨著在句子裏詞位的不同，而轉變為動詞或名詞。就是若將它安置在動詞的位置上，就轉化為動詞；安置在主語或賓語的名詞位置上，就轉化為名詞。例如：春風又「綠」江南岸。這件事恐怕「黃」了。教人「看紅」了眼睛。他「黑」了良心，「氣白」了臉。「赤」胳膊。「綠」、「黃」、「紅」、「黑」、「白」、「赤」，都轉化作「動詞」了。至「一地殘『紅』」，指落花；「雙手鱠『紅鮮』」，指鮮魚；「『黑』吃『黑』」，上黑指黑社會人物，下黑指黑錢。這裏的「紅」與「黑」都轉化為名詞。

能夠熟用這些方法去構詞，自然能夠大量地增加自己的詞彙了。

（原刊民國六十六年九月「中國語文」第二四三期）

總統 蔣公對軍中文藝發展的提示

今年十月三十一日是總統 蔣公九秩誕辰的紀念日。我們緬懷 蔣公生前追隨 國父，參加革命，完成北伐，領導抗戰，光復臺澎種種大德遺澤，令人永恒的感念。如今恭讀總統 蔣公諄諄訓誨我們的嘉言，無論對世人的爲人做事治國，深覺啓示極深。對軍中文藝發展方面， 蔣公也留下了「發揚民族仁愛的精神」等十二項提示，可作「我們民族文藝創作的靈魂」。恭述如下：

㈠發揚民族仁愛的精神： 蔣公說：我們中華民族始終以「仁愛」爲本。孔子說：「夫仁者，己欲立而立人，己欲達而達人。」孟子說：「親親而仁民，仁民而愛物。」這種博大的仁愛精神，是我國哲學的中心思想，也是我國固有文化的精髓。我們就是秉持這種「博愛行仁」的思想，去愛父母、家庭，進而去愛同胞、民族、國家，再進而去愛整個人類。所以在我們的家庭中，父慈子孝，兄友弟恭，夫唱婦隨的道德觀念，就是從這傳統的思想出發的。古代的好官。如東漢漁陽太守張堪開稻田八千多頃，勸民農桑，使老百姓豐衣足食，生活安樂；這種像父母愛子女，憂民所憂，樂民所樂，也是從仁愛思想出發的。管仲輔助齊桓公聯合諸侯，抵抗北狄，救邢城衞，存亡繼絕，濟弱扶傾；湯、武興仁義之師，推翻暴政，拯民於水火；這也都是仁愛精神的表現。蔣公說：我們不但要求中華民族的獨立自由平等，還要求世界各民族的獨立自由平等，所以我們向來不畏強禦，而反對侵略，成爲亞洲民族的柱石。我們的文藝創作，首先應以發揚我們民族仁愛的精神，爲謀求人類幸福而努力。要以仁愛消弭仇恨，讓充滿仁愛的心來凝結我們的整個民族成爲一體。

㈡復興革命武德的精神：蔣公說：我們軍人必須「機智」、「信義」、「仁愛」、「勇敢」、「嚴明」五者兼備。所以我們軍隊的基本教育，就是要恢復孫武所說：「將者，智信仁勇嚴」五種固有之武德。將領的武德與士氣相關至切。將領應當以「德」統御部下；智能發謀慮，通權變，才能料敵制勝；像田單的火牛陣，光復齊國七十餘城。能信賞必罰，才能指揮軍隊；像馬謖失去街亭，諸葛亮含淚將他判罪，這樣才能訓人率下。能恤士愛民，才能撫衆克敵；像吳起能與士卒共甘苦，同衣食，所以能得到部下效命，而守住西河；又像曹彬用兵，秋毫無犯，不妄殺戮，所以能長驅江南。能知耻徇義，才能勇敢作戰；像霍去病認爲「匈奴不滅，何以家爲」，所以他敢率軍深入荒漠，驅逐胡人。紀律嚴明，才能威肅三軍；像司馬穰苴因爲監軍莊賈恃寵後至，就下令斬首，使令出如山，全軍整飭。蔣公昭示我們要恢復這固有武德，以加強軍人的修養。

㈢激勵慷慨奮鬥的精神：蔣公說：我們革命黨唯一的精神，就是犧牲奮鬥，打破環境，創造時代，使舊世界變成新世界。只有在奮鬥中，智慧才能發光。多經一次奮鬥，多得一分成功的保障。只要我們能夠不屈不撓的奮鬥到底，勇往邁進，那麼一切壓力阻力，也可以變成引導我們成功的火車頭。

就像我們的革命先烈，大都慷慨熱忱爲革命救國而艱苦奮鬥，經過十次失敗，終致國民革命成功。現在我們所要學習的，是爲民族國家服務的知識而奮鬥；所要建樹的是爲民族國家服務的事業而奮鬥。不要以小成而自滿，小勝而自驕；也不要以小挫而灰心，小敗而氣餒。國家的強盛，就在於全國優秀的軍人、青年與國民都能爲改造社會，建設國家，造福人民的生活而共同奮鬥。

㈣發揮合羣互助的精神： 蔣公說：我們中國人最大的毛病，就是不知道合羣互助的好處。如果能合羣互助，團結一致，力量必然倍增。但我國人常常意見紛歧，自私自利，不相爲謀，各自爲政，力量不但不能加強，反而因此對消了。像唐玄宗時安祿山叛亂，張巡死守睢陽，臨淮的賀蘭進明，譙郡的許叔冀，彭城的尚衡，都按兵不救，終於睢陽陷落。像宋神宗時，王安石執政，因國勢積弱，法度因循，財政匱乏，而變法圖強，頒行青苗、水利、保甲……等新法；當時舊臣君子，蹈常襲舊，不肯協助合作，甚至爭論反對；安石只好任用小人，以致失敗。所以我國人口雖多，過去外國人卻都認爲我們好比一盤散沙，沒有力量。蔣公爲了要改正我們民族這種缺點，特別指出個人不能離開羣體而生存；而人類文明的進步，完全要歸功於互助合作。並要我們了解羣策羣力的道理，一個人能合千百人，就能產生千百人的德慧術智相加相乘的力量。合羣能融合民族，建立國家。互助合作，能夠克服自然，開發資源，使人類由野蠻進入文明。如果我們能處處合羣，事事互助，就能建立強盛的國家。

㈤實踐言行一致的精神： 蔣公最重實踐。他說：力行就是人生。一切事業都在注重實行；沒有行動，就不能發生力量；所以我們要「言行一致」，說了就要做到，而且要做得徹底。所以要想激勵民衆的熱情，收衆志成城的效果，惟有一切言行皆從實踐做起。我們知道魏明帝時候，司馬懿率張郃等三十幾萬大軍攻蜀。這時蜀兵只有十萬，其中有兩萬人正逢著輪休要回鄉去，這麼一來，可用兵力只剩八萬了。諸葛亮左右認爲魏軍強得太多了，就建議將這兩萬名士兵暫留下來，加強聲勢。但諸葛亮不贊成說：「作戰行兵，以信爲本；行不顧言，古人所誡。這些士兵都已經整裝待歸，妻兒也在家裏數著日子等他們回來團聚呢！現在只有儘快遣送他們回去！」當這番話傳了出來，士兵都從內心悅服，要回去的也自願留下參戰。決戰的那天，人人奮勇爭先，終於殺死張郃，大敗魏兵。這就是諸葛亮實踐了言行一致的精神，取信於人，因而激起人民報國的熱情，產生了「以寡覆衆」的結果。

㈥鼓舞樂觀無畏的精神：在我們做事、作戰、建國的過程中，難免要遭遇許多艱難危險挫折。蔣公認爲一個有自信心的人，無論處身怎樣艱難困逆的環境，遭遇怎樣兇猛殘暴的敵人，決不可畏縮退避，灰心喪志，而應該本著樂觀無畏的精神，堅忍不拔的信心，全力以赴，去克服困難，達成任務。在戰爭激烈時候，更應該鼓舞這種樂觀無畏的精神，提振民心士氣，使局勢穩定，獲得最後勝利。像明英宗正統十四年，瓦剌也先入寇；英宗親征，兵潰被俘；朝野洶懼，羣臣聚哭。于謙奮然出掌兵部，日夜理事，內修守備，外召援兵，安定民心，大家恃以無恐，終而連敗也先，使明朝轉危爲安。這就是一個很好的實例。

㈦激發冒險創造的精神：蔣公說：人生以創造爲本務。生命的意義在求永生；個人軀殼的生存最多不過百年，因此我們要創造不朽的生命。所以我們要以短暫的生命，冒險犯難，建立事功，利用自然，發明新事物，創立新知識，發展新文化，繼承前人，啓廸後世，寫民族的新歷史，然後個人的軀體雖然死亡，但精神生命必能與宇宙相終始。當然「創造」大多數要冒許多險難；但偉人的成功也常常是從險難中磨鍊奮鬥出來的。我們應視冒險犯難爲家常便飯，要設法克服。像 國父倡導革命，締造中華民國，經歷了許多危險困難； 蔣公領導國人，北伐成功，抗戰勝利，建設臺灣，也經歷了無數的危險困難。所以 蔣公說：偉大成功的革命家都是勇敢的冒險者。今天，我們更應該激發起冒險創造的精神，收拾舊山河，建設新國家。

㈧獎進積極負責的精神： 蔣公說：我國人不負責的病根，都是由於「多作多錯，不作不錯」的消極觀念在作祟。因此產生了李寶嘉筆下所描寫「清末官場中的虛應交差，推拖搪塞，尸位素餐，什麼都不敢擔當，什麼都不做」的病態。古人說：「食人之食，忠人之事。」今天公職人員既然接受納稅人給的薪給，就應該以公僕的精神，盡職負責來爲人民服務，爲人民解決問題。建立「爲民衆服務的責任觀念」；以爲民衆服務，爲第一要務。古代政治家都抱有憂國憂民的襟懷。像賈誼說：「國爾忘家，公爾忘私。」王坦之說：「言不及私，惟憂國之事。」范仲淹說：「先天下之憂而憂，後天下之樂而樂。」都是以安定天下爲自己的責任。其實，我們人人都有應負的責任：像撫養教育子女學生，使成爲有用的人才，是我們做父母老師的責任；努力讀書，修養品德，是我們做子女學生的責任；維持治安是警察的責任；衞國守土是軍人的責任；廉明公正，懲惡息訟，是檢察官法官的責任；建設國家，安定經濟，造福人民，是各級官員的責任。總而言之，每個分子都應當積極負起他的責任來。

㈨提高求精求實的精神：　蔣公說：一個國家，如果其行政措施，都是踏空無實，只講形式，不務實踐，終必無法倖存於這個世界。又說：在這科學文明的時代，要不斷研究，求發展精進，否則肩要後退落伍，爲天演定例所淘汰。又說：現代科學的精神，就在實事求是，精益求精。蓋道理是愈研究愈明白，事務愈研究愈進步，技術愈研究愈精良；精益求精，就是要我們不滿足於已有的成果，還要不斷研究發展，新了之後求更新，好了之後求更好，找出缺點，加以改進。實事求是，就是說話要說實話，能做就講能，不能做就講不能；做事要切切實實的去做，求實用有效，戒除因循虛僞浮誇的惡習。精金要經過百鍊，才能成爲精金；才智高的人也要求學問的精進，做事的踏實，這樣才能有所成就。像曾國藩原來只是窮經通史的書生，因爲能夠特別篤實而精深地研究史地、軍事等學問，終於成爲一個軍事家。所以我們無論研究學術，修養技能，策劃施政，做事花錢，都應該以「求精求實」作準則，做到「精實」二字。

㈩强固雪恥復仇的精神：　蔣公說：我們革命者，血可灑而耻不可不滌，身可殺而國不可不復。春秋時，吳、越兩國發生戰爭，吳王闔閭戰敗傷重死了，遺命兒子夫差復仇。夫差叫人時常提醒他說：「你忘記了父仇嗎？」他後來終使越王句踐退守會稽，稱臣投降，報了父仇。句踐戰敗放回後，每天臥薪嘗膽說：「你忘記了會稽之耻嗎？」激勵自己發憤治國，教訓人民，後來也終於打敗了夫差，完成了雪耻復國的大志。因此，我們知道一個人無論遭遇到怎樣的失敗，只要他知道這是「可耻」的，他就會奮發自強，而立志湔雪。像晉祖逖渡江擊楫，誓清中原；宋柳開自請率五千步騎，欲收復幽薊；

岳飛奮勉部下：「直抵黃龍府，與諸君痛飲！」都是「知耻雪耻」的精神的表現。「明耻」是「教戰」的大則，是軍中精神教育的基本。

㈩砥礪獻身殉國的精神：　蔣公說：個人的生死事小，國家的存亡事大。我們無論何時應視國家的生存高於一切，我們應將個人的生命貢獻給國家，然後我們的生命才能發揚光大。忠心的人，一定肯爲盡職而獻身；熱愛國家的人，一定肯爲報國而犧牲生命。心裏有了獻身報國的決心就能視死如歸，不爲威武所屈，不爲富貴所誘。我民族古來的英傑烈士，盡職殉國，史不絕書。李白詠「蘇武在匈奴，十年持漢節」，牧羊邊地，餓餐氈雪，就是讚頌他能夠「不辱君命，盡忠使節」的故事。張巡守睢陽詩：「裹創猶出陣，飲血更登陴。忠信應難敵，堅貞諒不移。」說出了他苦戰殉國的決心。革命抗戰期間，像徐錫麟，像秋瑾女俠，像黃花岡七十二烈士，像謝晉元與八百壯士，像高志航，像張自忠將軍，他們都是了解了人生的眞諦，把握了生命的意義，將他們個人有限的生命，貢獻給國家，而與中華民族無窮的生命，凝結一體，成就了生命的永恒不滅。他們這些可歌可泣的事蹟，他們這種獻身殉國的精神，不但流芳千古，而且足以砥礪我們，作我們的典範。

㈩培養成功成仁的精神：　蔣公說：我們軍人應該以「不成功便成仁」之決心，來做救國救民的驚天動地的革命事業。革命是至大至難的，戰爭也是極危險慘烈的，都是「勝則成功，敗則成仁」的事。孔子早有「殺身以成仁」的訓言，孟子也有「捨生而取義」的說法。歷代的軍人與志士也都特別重視自己的氣節的培養，也就是孟子說的「養吾浩然之氣」。有此浩然之正氣，則臨危受命，爲國捐軀，均可不懼。所以馬援以「馬革裹屍，戰沒沙場」爲光榮；文天祥當他就義時候，還從容留語說：「而今而後，庶幾無愧」了；袁崇煥守寧遠說：「官此，當死此，我必不去！」立誓與城共存亡。蔣公也訓勉我們說：爲了救國家同胞與文化，爲了實現我們信仰的三民主義，即使犧牲了自己的生命，亦應在所不惜。必須以必死的信念，力爭必勝的果實；以成仁的決心，去走成功的道路。我們軍人都應當爲著保衞國家，奮發「受傷不退」的鬥志，「被俘不屈」的決心，「生而辱不如死而榮」的氣節，「不成功便成仁」的精神，寧光榮戰死，絕不屈辱偷生，保持革命軍人神聖的人格，以發揚我們至大至剛的浩然正氣，使敵人知道我們中華民族是不可侵犯，永遠不會屈服的。

蔣公認爲促使軍人發揮最高戰鬥力量，不在物質，而在精神。而「精神教育」對軍人的心理、意志、氣節與思想的影響，又有一種看不見的推動力。文藝作品是最適合於作精神教育的讀物，因爲文藝對人的感染力是非常大的。我們從事文藝工作的作家們，應該把總統　蔣公所昭示的發展軍中文藝要發揚的十二種精神，貫注到作品中去。透過文藝對人的薰陶感染，潛移默化的力量，來培養我們的民族的正氣，奮鬥的意志，發揚蹈厲的氣概，智信仁勇嚴的美德，肯負責、求精實的做事態度，特別要養成我們能爲國家、爲主義而光榮犧牲的精神，以作軍人的楷模。

（原載於民國六十五年十二月一日中央月刊）

當代中國文學的發展方向

方祖燊
黃麗貞

現代人都知道，文學是屬於大衆的。但這「大衆」的文學，是存在着兩種不同的立場——作者和讀者。就作者來說：他觀察了時代，體驗了時代，然後反映這個時代，寫下他的觀感，拓展生活的境界，提升思想和心靈的程度；就讀者來說，經由作者的情思、觀點的感染，常常獲得許多思理的啓發，性靈的搖蕩，和人生道路的指引。所以，文學的影響力是非常普遍而深遠的。

文學的影響功能，自有文學以後，就自然地具備了，並自孔子以來，就已經有了深刻的認識。孔子之時，一本歌謠集子——詩經，孔子認爲熟讀了它，人就能懂得恰當地表達自己的情思，每個人說出自己內心的話，他敎訓兒子孔鯉說：「不學詩，無以言。」（論語季氏）所以他時時勸人學詩。孔子又說：「小子何莫學乎詩？詩，可以興，可以觀，可以羣，可以怨；邇之事父，遠之事君，多識於鳥獸草木之名。」（論語陽貨）詩不但能敎人興起情懷，各「言其志」，更是人類心靈溝通的橋樑；讀詩的人，由詩可以了解一個國家風俗政敎的得失，可以知道人類羣體睦處的道理，可以知道如何恰當地表達自己不滿的心情；進而明白孝愛父母、效忠國家的道理；還可以認識許多各地的動、植物名稱。古時候，一個從事外交工作的「行人」，他尤其要把詩讀得滾瓜爛熟，才能稱職。可見詩歌在當時，並不止於能陶冶人的性情，而且具有多重的敎育功能。

後代文體，孳衍漸多，極為繁富，而無論詩、詞、散文、小說、戲曲等，都莫不深遠廣大地影響着時人和後世。清代戲曲大家李漁說：「傳奇（戲曲）一書，昔人以代木鐸，因愚夫愚婦，識字知書者少，勸使為善，誡使勿惡，其道無由，故設此種文詞，借優人說法，與大衆齊聽，謂善者如此收場，不善者如此結果，使人知所趨避，是藥人壽世之方，救苦弭災之具也。」一個執筆寫作的人，能了解文學的功能，便能認識自己在寫作時負擔着一份責任，便會抱着嚴謹的心情來下筆了。

文體之中，越是平淺通俗的，它的影響力便越大。清代以前，一般人不重視戲曲和小說，而李漁知道戲曲負有「藥人壽世」的使命，所以要藉戲曲來寄託他勸人「為善勿惡」的深意。近代學者梁啓超對小說也深有認識，認為要想革新一國的政治、宗教、道德、風俗、學藝、人心，要先革新小說，因為「小說有不可思議之力，支配人道故。」李漁和梁啓超，對於文學的影響功能和責任，都有獨具隻眼的卓識。

隨着五千多年歷史的累積，我國文學的內涵，無論形式和內容，都日趨優美而豐盛。自從國父創建了三民主義的新中國，不但政治、社會的型態，和以前大不相同，文學也自民國六年胡適、陳獨秀、錢玄同、劉半農、沈尹默等人發動了「新文學運動」後，走上了嶄新的途徑，採用白話文體，創作各類文學作品，要建設平易抒情的國民文學，新鮮立誠的寫實文學，明瞭通俗的社會文學。這個運動，正像歐洲文藝復興運動一樣，一經發起，旋卽形成一股不可阻擋的狂瀾時潮，遍及了全國。但當時人所標擧的，仍然含糊，在寫作時還缺乏思想的指標，因此不能寫出偉大的有意義的作品。生在這個時代的人，要想從事文學創作，要寫下這個新時代的一切，要發揮文學的影響功能，更應該有一個正確的思想，作爲我們創作文學作品時的理想的發展方向。這個文學發展的方向，愚意以爲基本於後列各項的認識：

一、當代中國文學的民族觀

在交通工具日有新進的今天，阻隔着千山萬水的地區，不旋踵就可以到達，旅遊、觀光、移民的風氣，也日愈盛行。但地球的陸地雖然有五大洲，人的居所需要也非常有限，而幾乎每一個人，却都以植根在自己的國土裏，才感到生活的踏實，和生命的意義。因爲這塊國土，屬於全國同胞所共有，生活在這塊土地上的人，和自己有着相同的血統，一樣的生活方式，使用同樣的語言、文字來溝通情意，相同的宗教和風俗習慣，更使人感到有所歸屬的親切；這種同一民族聚居，建立國家，是自然而然的現象。散居世界各地的華僑，由於民族的親和力，也往往自成一個社區，在國外也竭力保持我中華民族的種種特色。如在美國形成了「唐人街」，在海外發揮中華民族的精神，很受當地人民和政府的重視。美國的黑人，雖然歸籍美國已經好幾代，在他們的心裏，仍然覺得和美國的白人不一樣，他們的根，是紮在赤道的非洲。艾力斯哈雷（Alex Haley）的「根」（Roots），因此成了暢銷世界文壇的文學名著，而使我國也產生了「尋根文學」的渴求。

可知文學的根，在精神上是植在民族意識上，在實質上是植在自己的國土上。

在不斷進步的世界裏，一個民族絕不能閉關自封，畫地自限，故作高深壁壘，而自詡爲保全自我的特色。世界各國民族思想的普遍覺醒，普遍發達，雖然始於近代，而事實上，各民族文化的交流，在各國文化建立的初期，早已經開始，在發展的過程中，彼此交流、吸收、融和的史實，史籍上都歷歷可尋。根據歷史，我中華民族的文化，早在五千年前，就非常有名，在亞洲大陸建立起文明的大國，聲威遠播，影響四邊的異族。周秦以後，無論哲學思想、倫理道德、政治制度、禮樂敎育、文學與藝術的成就，農商工礦與交通的開發，各種科學與技術的進步，社會型態的發展，生活與風俗的完美，不斷地在地球上發射出無比燦爛、照耀四方的光輝。漢、唐時候，尤稱盛世。東方的日本、朝鮮，南方的南海沿岸的越南、緬甸、暹羅、印尼、馬來亞、錫蘭，北方的匈奴、回紇、突厥，西方的西域許多國家，無不受我中華民族文化的薰陶影響。

當中國的科技傳入波斯、阿拉伯、甚至歐洲的時候，歐洲尚是黑暗野蠻的世界，美洲還是未開發的處女地，當元人的大軍橫掃歐洲的時候，歐洲尚是紛亂而落後的地區，由當日義大利人馬可波羅的遊記，可見他是多麼嚮往中國的繁華富庶，成了後來歐洲航海家探航的動機。其實阿利安民族的文明，只是在幾百年前才發展起來；西方科技的發展，也不過是西元一七六九年瓦特發明蒸汽機，產生工業革命以後，才蓬勃發展了起來。當然，我國也曾經吸收了外國文化，像漢朝時印度佛敎從西域輸入後，由六朝到唐，也曾經影響我國的思想、藝術與宗敎信仰；胡人的樂器和曲調，早被我們收容到本國音樂中，鎔鑄成為一體。到了清末，西方科學與文學大量流入中國，帶來了科技上許多革新，在文學作品中注入了新血輪。不過，我國的文學，至今仍舊保持着我中華民族最濃厚的民族特色，不斷在發揚中華民族的精神。歷代的中國文學作品，無論在地理環境、政治、經濟、社會、生活與習俗各方面的描述，都強烈反映出我們民族的情感與思想的特色，和其他國家民族是有所不同的。

過去，我們在政治上，雖然先後兩度亡國在蒙古和滿清手裏，這兩個朝代的文人，雖然備受壓迫和箝制，但還是不能摧毀我們的民族自尊和情操，文學反而因文人的窮愁苦悶，而涵養成奇葩，結出碩果。像元人的戲曲與清人的小說的成就，無論質和量，都足以傲視古今，和唐詩、宋詞，有同等的價值；其中作者，甚至有不少滿、蒙的世家貴族，受我優美的文化力量所陶冶感召，也做了大漢的文人，如元散曲家貫雲石、馬九皐，清詞人納蘭性德、小說家曹雪芹等。於是漢、滿、蒙、回、藏各大民族融合成一個偉大的中華民族了。

在歷代文學裏，我們可以輕易地尋到中華民族深植在那片海棠葉上的根——巨大而盤根錯節的根。基於這一脈錯綜百出的根，我們世世代代的子孫，才能傲然挺立，生長茁壯，旁衍出茂密的枝葉，同心一德，在相親相愛的大家庭中，同心防禦外力的侵略，所以對日本抗戰了八年，能够獲得最後的勝利。

民族文學，也並非偏狹的國族主義，而是把我民族固有的優美傳統，在國內發揚，向國外傳佈，使以「愛」爲中心的「忠、孝、仁、愛、信、義、和、平」倡行於世界，進求「世界大同」理想的實現。這是中國人一貫的做法。中國曾經有過輝煌燦爛的文化，自信是世界的中心，所以自稱「中國」；只是因爲到了清朝，傾於閉關保守的緣故，以致讓西方獨步，到了清道光二十二年，鴉片戰爭失敗之後，列強新興的勢力不斷侵入我國，目眩於西方科技與物質生活，遂使國人喪失了民族的自信心，使我們精神日感貧乏空虛，無所依憑，悽悽惶惶，不知所之，忘記了我中華民族曾經有過偉大的成就，先進的文化，輝煌的歷史，這是非常可悲的，應該加以糾正，所以今天我們更需要文學作品來喚起國人熱愛民族的感情，體認我中華民族的偉大，以振與我中華民族的國力和威望。

二、當代中國文學的戰鬥觀

中華民族有五千年歷史文化，這個數字，表現了我們先人締造的艱辛，和保全的勇毅；每次提到這句話，我們心頭漾起的，不只是驕傲和滿足，更多的是對祖先的無限崇敬。從五千年的歷史記載上，我們看到曾經有多少異族來覬覦我們這片錦繡般的土地，想要奴役我們人數衆多的同胞。於是：「靡室靡家，玁狁之故。」（詩小雅采薇）「四邊伐鼓雪海湧，三軍大呼陰山動。虜塞兵氣連雲屯，戰場白骨纏草根。」（岑參輪臺歌）「但使龍城飛將在，不教胡馬度陰山。」（王昌齡出塞）這些古代詩篇，千百世讀來，依然是豪氣干雲，激起人願爲國效死的壯志豪情。事實上，中國人最愛好和平，不是個好戰的民族，只是：當外侮到來，我們在忍無可忍之下，一定予以迎頭痛擊；當異族殘害同胞之時，我們一定會奮起反抗，爭取和平的生活權利。每當我們掙扎在欺侮、迫害之下，所寫的悲號、怒吼的文學作品，最具震撼人心的力量，是呼喚同胞奮起團結的興奮劑。

周、秦兩代，匈奴騷亂北方邊境一百多年，漢代武帝和和帝，先後發動大軍征剿，終於驅逐匈奴，遠遁歐洲，從此不再侵略我們。唐、宋時，四周異族時常犯境，毀我城池，掠我土地，殺人放火，蹂躪我人民；這兩個時代，人民也就不斷對外奮戰。元、清兩朝，蒙古和滿人殘虐漢人，漢人也終於推翻暴政。日本侵華，我們艱苦抗戰了八年，終於獲得最後勝利。每一次保疆衞國的戰鬥中，都產生許多極其豪壯偉烈的文學作品，像班固的「振大漢之天聲」的「封燕然山銘」，高適、岑參等人所寫的邊塞風光與戰爭的歌詩，岳飛的「踏破賀蘭山缺」、「饑餐胡虜肉」、「渴飲匈奴血」的「滿江紅詞」，都是非常感人的文學名篇。

其實，人生有形的戰鬥，比無形的戰鬥要少得多。也可以說，每個人的一生，都是一直戰鬥到死亡時才停止。不但生、老、疾病，需要戰鬥，在日常生活中，生理變化，心理感情，學業、事業的競爭等等，那一樣不要鼓作精神去戰鬥？要想獲得戰鬥勝利的碩果，就是堅強勇毅，面對現實的生活態度，和克服萬難的自信心，把愛己的心情發揚起來，去愛同胞、愛國家、愛人類。從事文學寫作的人，尤其要把所處時代的戰鬥精神、戰鬥情況、戰鬥理想刻畫出來，以啓發敎導時人和後人。在戰鬥性的作品中，歌頌戰士的英勇愛國，不過是正面的寫法，也有寫對於好戰者的批判，和在戰爭中體會了和平和人類互愛的可貴，應是更高境界的文學題材。

三、當代中國文學的人性觀

俗語說：「人心不同，各如其面。」又說：「一樣米養出百樣人。」都是在說明人性的複雜。文學家觀察了種種人性的複雜面，綜合成善、惡兩類，把善人的形相，惡人的嘴臉，作細膩入微的刻畫，亦卽透過作品，提示讀者以品德、行爲的修養途徑，維護倫理、道德的尊嚴，整飭社會的風氣。像司馬遷「史記」裏所寫的種種人物，無不個性分明，神情活現。他在「游俠列傳」中，據實寫郭解生平的善惡兩面，使讀者感到郭解的可恨和可愛，而明白處世以循正道爲是。又如元代關漢卿的雜劇，塑造了許多典型性格人物的形象。他的「救風塵」雜劇，寫兩個性情純良的妓女，以宋引章的單純天眞，和趙盼兒的世故眞誠，用喜劇手法表現妓女現實生活的苦悶，和對美好生活的渴求，表現男人喜新厭舊、玩弄女性的醜惡面貌；又「竇娥寃」雜劇，用悲劇手法寫昔日社會對婦女的欺凌，寡婦苦難無告的悲慘，官吏昏庸，政治黑暗的事實，一方面強調出善惡到頭終有報的社會意識，更深刻地表現了中國舊時代婦女潔身守節的美德，人性純良至善的一面。清代吳敬梓的「儒林外史」，寫科擧制度下士人的卑鄙詐僞，如范進喪母守制，不敢用銀鑲的杯箸，認爲失制，改用磁杯象牙箸，就安心大吃葷酒；又寫王玉輝逼女兒殉夫，求得貞節牌坊，在入祠建坊時，也禁不住傷心痛哭，都使人感到他們虛僞可鄙的面目心性。這些都是前人所取的發人深省的刻畫人性的文學好題材。

人性受社會教育、環境影響的地方最多，自然每個時代的人性層面都不相同，發掘當代人性問題，寫出作者頌揚或批評、糾正的意見和理想，期使人人知去惡爲善，也是文學工作者的責任啊！

四、當代中國文學的人生觀

我們的思想與生活態度、處事方式，對生命的看法，就是個人的「人生觀」。每個人的人生觀，同樣地都嚮往歡樂美滿；而事實上，人生在世，往往對貧病、老死、離亂、失意等不幸遭遇的感受，比富貴、青春等幸福歡樂更深刻。於是，在眞正深深領悟了人生道理之後，文學家透過動人的筆觸，剖析人生，替人尋求出一條擺脫痛苦的途徑，進而明悟人生的眞諦，提升人生的境界，有宗教家、哲學家的懷抱，導人走向快樂旅途，鼓舞生命積極的意志，是最有意義的作品。我們也可以說，一個偉大的作家，莫不有其人生觀，一定有他一套人生哲學，作爲他自己生活的原則。因此，在他的作品中，也就往往寫出了能够啓發、指引讀者的哲思，來提高讀者的生命境界，增加讀者生活的樂趣。

一個人的人生觀，往往隨着歲月與境遇而變。以曠達自適見稱的詩人陶淵明，也有「憶我少壯時，無樂自欣豫；猛志逸四海，騫翮思遠翥。」而到年老力衰之時，也有「値歡無復娛，每每多憂慮」的心境；在嘗受過「夏日長抱飢，寒夜無被眠。造夕思鷄鳴，及晨願烏遷」這種日子難過的生活，却能涵養出「採菊東籬下，悠然見南山」的寧靜心境，「談話終日夕，觴至輒傾盃」的自樂情懷；他的淡泊達觀，因此成爲許多困於貧窮生活的人所慕求的心靈境界，使許多人因而重拾人生的歡樂，而不戚戚於富貴顯達的難求。又如人生之苦於別離，有許多難釋相思的作品，「可憐無定河邊骨，猶是春閨夢裏人。」（陳陶隴西行）固然使人唏噓嘆息，無限低徊；而秦觀的「鵲橋仙詞」：「兩情若是久長時，又豈在朝朝暮暮！」更啓示人以超越時空的心靈契合境界。

人生問題，是如此地複雜多變；所以，以「人生」爲題材來寫作，隨着時空和心境的變遷，就有永遠寫不完的素材。由於人人各有自己的「人生觀」，以人生爲題材的作品，必然使讀者感到親切有味，而易於發揮它指導人生的功能。

五、當代中國文學的情愛觀

愛情是一種心靈的感受，雖然抽象而不可捉摸，却是人人天生就具備了領受的本能，所以自古描寫愛情的文學作品，數量最多而又深刻動人。這類作品，作者下筆之時，很多是訴諸直覺；讀者閱覽之時，最易引起共鳴；所以也是一種最受普遍歡迎的題材。

但男女情愛的後面，本來是一種慾望，往往因爲愛的方法、愛的對象等配合因素不完美，使甜美的情意，演成種種悲劇；而悲劇式的愛情文學，往往給人一種動魂刻骨的感動力。在今日社交公開的新時代裏，由於一些主題不正確的言情小說的風行，許多癡男騃女，誤以淒涼悲怨，才是最美的愛情感受；違反禮教規範，敢於向社會道德挑戰的，才見得愛情力量的偉大，愛得勇敢，愛得眞摰。這類作品多了，流傳得普遍而久遠了，便會使人迷惑，甚至反以正道的愛情爲平凡庸俗，非要去搞一囘「驚天動地」的愛情，才叫做嘗過了愛的滋味，殉情的羅蜜歐和朱麗葉，因此成爲無人不知的「名人」，他們是多情人的代稱詞。

就拿元朝的戲曲名著「西廂記」來說吧！張生和鶯鶯的偸情私會，實在是不足爲訓的。他們不但違背逾越了當時封建社會的禮教法度，即使在今日號稱開放的社會裏，這種行爲，也不會獲得普遍的諒解和同情。「西廂記」的故事，原本取材自唐人元稹的「會眞記」小說，元稹原是藉這件不正常的愛情，來規諫一般婦女，始亂終棄，亂搞愛情，就會受人輕侮，沒有甚麼好結果。到金代的董解元、元代的王實甫，採用這篇小說來改編戲曲時，他們着力於渲染青年男女追求愛情的眞摰，改爲「有情人終成眷屬」的圓滿收場，和元稹「會眞記」原作的主旨大相違異。但由於「西廂記」的廣受歡迎，而且普遍、長久地盛行，許多人便只知有「西廂記」，而不知有「會眞記」。這就可以看出誇張不正當的愛情的作品，比維護禮教正途的愛情文學，容易討好讀者，受到歡迎。

元以後，「西廂記」流行了好幾個世紀，明、淸之世，已引起了許多有心於端正世道人心的有識之士的憂心，流行「女不讀西廂」的女兒閨訓，把「西廂記」目爲「誨淫」之書。我們今日發展當代文學，尤應記取前車之鑑，對於作品多，又易感人的愛情文學，一方面要積極地阻遏黃色作品，和不正當的濫愛觀念的作品產生、氾濫；一方面要積極地導正作者們要爲社會建立正確的愛情觀念，如已婚男女的感情變質，午妻、旅妻、午夜牛郎等腐敗無恥觀念的傳播，對人心、社會都有強烈的腐蝕作用，應當藉着文學的影響力，逐漸消弭、糾正。

年輕男女彼此相悅的愛慕心情，不過是人生許多情愛中的一種罷了，其他如父母子女之間，兄弟姊妹之間，朋友之間，同胞之間，以至人類之間，莫不存在着深深淺淺不同的愛。所以人生在世，就像是一個核心，外面圍繞着層層擴張的愛情圈子，構成了每個人的倫理關係；每一種愛情的深刻體會下，都會促成動人心弦的文學佳篇。如漢樂府「婦病行」詩，寫一個母親病危將死，還惦記着孩子無人照顧，交代她丈夫說：「屬累君兩三孤子，莫我兒飢且寒，有過愼莫笪笞。」母子情深，令人感動。又「孤兒行」篇，寫孤兒受兄嫂虐待，苦勞役，受飢寒，悲傷無告，而有「居生不樂，不如早去，下從地下黃泉」的厭生悲歎，比起曹植的「七步詩」，更令人爲乃兄的無情而悲憤。唐人杜甫有：「安得廣厦千萬間，大庇天下寒士俱歡顏，風雨不動安如山。」（茅屋爲秋風所破歌）更洋溢着同胞愛、人類愛的熱誠。

時代日異，人心自不相同，而人對於愛情的感受力，却是千古如一。善於體會，敏於興懷，是一個文學工作者要想寫出好作品的必需條件；經由好的文學作品，敎導人人瞭解各種愛，發揚一己的愛心，恰當地去愛，更是文學作者的一種責任。

六、當代中國文學的家庭觀

從社會學的觀點來說，家庭就是由男女結合爲夫婦所組成的團體。而我國過去的一般家庭，早是「小家庭」的組織，大概包括父母、夫婦、子女；兄弟、姊妹在沒有成家之前，也常住在一起。父母過世了，兄弟就大多析產分居。我國舊時的家庭，受舊有禮敎的影響，注重倫理道德，特別講父慈母愛，兄友弟恭，子女孝順，夫婦相敬。這種家庭美德，至今猶持續不絕。因此，崇拜祖先，尊敬長者，孝養父母，還是今日中國家庭中特有的美德，爲外人所稱道。也因此，中國人到了老年，因有子女的孝養，比起西方人來，在精神上比較愉快，不會感到寂寞。所以舊文學中也有一些作品，如戲曲「琵琶記」，小說「三孝廉讓產立高名」，都是在發揚這種孝、友的美德。

當然，構成一個家庭最重要的還是夫婦的關係。尤其是今日盛行小家庭制，許多青年男女結了婚，就逐漸趨向另組小家庭，離開了父母。但我們知道，家庭是社會、國家的基礎，有健康幸福的家庭，才能構成安和繁榮的社會，建立起富強壯盛的國家；而家庭的幸福，又築造在愛的基石上。

今日家庭，因媒妁之言、父母之命而結合的夫妻，已經不多，大多數的婚姻，都是經由自由戀愛，和自己選擇的對象結合而成。所以一般家庭，大致都奠立於愛的基礎上。但經由去年專門研究婚姻問題機構的統計，臺灣省的離婚率是十四比一，臺北市是十二比一，今年臺北市更增加到八比一，不但是個令人吃驚的數字，而且使人憂心忡忡的嚴重問題。教人正視婚姻，重視家庭，的確是個急不容緩的課題了。

民國初年時，婦女剛從幾千年的桎梏中掙扎出來的初期，自由戀愛，自行找尋選擇理想對象結婚的風氣還未被普遍接納，一般青年男女，還是習慣在父母之命、媒妁之言下組織家庭。許多文學作品，就以鼓勵人爭取婚姻自由爲主題，把人人有爲自己擇偶的權利，以建立幸福家庭，締造美滿婚姻，實行一夫一妻，男女平等等新觀念，藉着一部部、一篇篇的小說、散文，逐漸灌注給社會各階層，也逐漸被社會各階層所接受，自然形成風氣。漸漸地，大家對於由父母、媒婆撮合的婚姻，反而認爲不是婚姻的「正途」。這也反映出一般人重視婚姻、重視家庭的觀念，已經建立。

當然，十四比一、十二比一，即使是八比一的離婚率，在比例數來說，美好的婚姻，幸福的家庭，還是占大多數；若細心地再觀察，又會發現不離婚的夫妻，不見得就是和諧、美滿，畢竟構成家庭和婚姻問題的因素多而複雜。但如果彼此都能「全」心「全」意愛他的配偶，愛家庭中的每一個份子，不與無謂的私念，不作越軌的行爲，許多複雜的問題，就會變得簡單，甚至消弭於無形。近年來，星期假日，許多社教機構舉辦了很多婚姻、家庭問題座談會，邀請學者專家來作專題演講，分析問題，解答問題；電視也針對這方面編寫了不少劇本演出。

事實上，婚姻和家庭問題，自古就是文學的題材。像詩邶風「谷風」，用六章來寫一個棄婦的悲怨，她說夫婦本應「黽勉同心，不宜有怒。采葑采菲，無以下體。德音莫違，及爾同死。」不料在她竭力助夫築起家業之後，丈夫却棄她另結新歡，「反以我為讎，……比予于毒。」衞風的「氓」，寫的也是同樣的題材。樂府中「孔雀東南飛」一篇，寫漢末建安時，焦仲卿和劉蘭芝這一對恩愛夫妻，因為仲卿母親的蠻横無理，硬是把他們拆散了，他倆都不願有負對方的深情，便各自殉情，千載之下讀來，仍令人感到迴腸百轉，而艷羨這一對夫妻生死相愛不渝的摯情。南宋陸游和妻子唐蕙仙，伉儷情深，亦因陸游母親嫌惡媳婦而釵分鏡破，彼此別後傷懷愁怨的詩詞，讀來也令人不勝悵惘。陸游一首「釵頭鳳」詞：「紅酥手，黃滕酒……一懷愁緒，幾年離索。……春如舊，人空瘦……山盟雖在，錦書難託。」尤覺千古纏綿依舊。

今日社會，棄婦不必獨自怨嘆悲傷；夫妻不能互相適應，妻子亦可訴請離婚；做婆婆的，也少有左右兒媳婚姻的權力了。但婚姻、家庭間，又隨着新時代而有許多新題材，正待文學作者的銳敏觸覺去發掘，用生花的妙筆去刻畫。站在文學作者感受時代，反映時代，提升思想性靈，指導人生道路的責任說，搜尋目前家庭和婚姻的種種實在情況，透過文學的筆觸，闡析家庭與婚姻的意義，父母與子女的關係，兄弟姊妹的相處，夫妻各有的道義和責任，我認為仍可依循舊有的道德觀念爲準則，來敎導人人建立相親相愛、美滿幸福的家庭，消弭外遇或不正常戀愛的心理，也是文學工作者應該負起的責任。

七、當代中國文學的社會觀

社會是我們日常生活中，關係最密切的羣體組織，而構成這個大羣體的基本份子，是社會中的每一個人。由於每個人各自有他的人生理想和生活方式，就衍生出種種社會問題；社會問題的另一個名稱，就是現代所謂的「民生問題」，小自衣食住行，大到政治、階級、教育、民情風俗等等，直接影響到每一個人的日常生活和心靈情思，也是從古以來就是文學、政教等工作者的矚目點。從文學立場來看社會，作者一方面是體察了社會種種層面，用描畫掀露的手法，映現在作品裏；一方面也在作品中，融入了個人的見解和構想，表達改造革新的要求。所以，以社會爲題材的文學，就像一面鏡子一樣，照映了現實，也亮出了理想；卽是藉現實來寄寓理想。

自從民國建立，政府對於改進社會民生的種種，可說是不遺餘力。現在在民主新政體的領導下，以往由種族、政治、經濟所造成的種種階級問題，都隨着 國父的提倡民族、民權、民生三大主義而消弭無形。五族結合成中華民族，團結一致，謀求國家的富強。政府官吏變成了「公僕」，做官是要「服務」人羣，並且由人民選擧賢能，來代表大家參與政治敎化的工作，或提出改進的建議；在男女平等的憲法下，婦女地位也大大提高，使社會型態完全改觀。敎育普及，人民知識水準提高，帶動社會秩序的改進。這些社會新面貌，莫不是社會文學的新題材。至如竊盜、販毒、賭博、貪贓、暴力、經濟犯罪等等名目，在當前社會裏也呈現出新異的情況，爲文學提供了無盡的題材。

古代分人民爲士農工商四大類。士爲知識分子，輔助國君治理人民，形成皇帝、官僚與平民三個階級，在法律、禮制與生活享受上，也就有許多不平等的規定，不得踰越。皇帝可以隨心所欲，生殺予奪；官僚可以作威作福，壓迫剝削；人民終年工作勞苦，却常不能得到安定生活。像官吏治民聽訟，隨心判決，遇到明鏡高懸的清官，人民纔可免受「覆盆」之苦，見得到「青天」；若不幸遇到昏庸的官吏，肆意魚肉人民，屈打成招、下獄致死的是常事。所以昔日文學中寫人民到官府，多數是「俯伏戰慄」，口稱「草民」、「賤民」。像包龍圖這樣清廉正直的好官，便成爲文學上唯一傳奇官吏；凡寫涉及法律案件的人民，多的是血淚和悲聲。宋朝岳飛已貴爲國家棟梁的武將，還不免被上級的奸相秦檜召還，屈殺在風波亭上。今日社會，崇尚法治，官吏判案，要根據證據和法律；一個人卽使犯了罪，也有公設或私人延請的律師，根據法律，替自己辯護，以求免罪或減刑。一般社會意識，務農、從商、做工，或軍、公、敎各行各業，一視同仁，倡言「職業無分貴賤」、「勞動神聖」；並且強行義務敎育，務期人人都是知識份子。任何一種行業，政府都設輔導或訓練機構，使人人成爲專業人才，重視每一個人對社會貢獻的力量。官吏辦事，以「便民」爲第一，政府治理人民，以增加民生福祉爲首務。高層決策的官員，時常主動深入民間，了解情況，發掘問題，針對人民需要來擬訂施政方針。當我們和總統先生或各部、院首長握手交談之時，那種親切愉快的心情，誰能想像得到昔日一個小官吏出巡，人民都要肅靜廻避，或俯伏在地上的情形呢！

在幾千年的文學瀚海裏，婦女的成就，眞是屈指可數，寥寥幾個罷了。足爲代表的，只有蔡琰、李清照二人。蔡琰的「悲憤詩」，不但寫出了漢末戰亂的社會情況，更反映了當日婦女的可憐。她最初嫁給衞仲道，後來夫死無子，便回娘家；董卓之亂時，被胡兵擄去，做了南匈奴左賢王的妻子，十二年後，曹操念在和她父親蔡邕的交情，想到蔡邕沒有後裔，就用金璧贖她回來，讓她嫁給董祀。她歸漢之後，感傷自己的遭遇，作「悲憤詩」，用最生動的言詞，寫最眞實的情感，其中寫她在胡中感念父母的哀傷，懷念故土的沉痛，非常感人；尤其寫她動身歸漢時，要拋下兩個在胡地所生的兒子，兒子抱着母親的頸子，責問母親棄他不顧的不仁慈，使她「見此崩五內，恍惚生狂癡」，雖則「號呼手撫摩，當發復回疑。」最後還是狠心獨自歸漢。相信任誰讀了這些詩句，都會感到她剜肝碎心的慘惻悲痛！只是，她生爲女人的命運，要聽人擺佈，除了把悲憤訴向文字以外，又能奈何?!昔日的婦女，不但沒有表現才能的機會，平日生活，也要嚴守「三步不出閨門」的閨訓，用女紅來打發日子，在沒有外人時，到花園裏捉蝴蝶、盪秋千，就是娛樂，這也就是生活的全部了。宋朱淑眞有「自責詩」說：「女子弄文誠可罪，那堪咏月更吟風?磨穿鐵硯非吾事，綉折金針却有功！」可見從前婦女的生活是怎樣地被控制着了。她們的生命，只有一片空白，仰賴着男人的飼養才能生活，因此未嫁之時要從父，出嫁之後要從夫，夫死就從子，完全沒有獨立生活的能力，更不必說人格尊嚴了。唐白居易有詩說：「人生莫作婦人身，百年苦樂由他人。」（樂府太行路）也忍不住要替可憐的女性鳴不平，舊時稱女人爲「弱者」，的確不錯，她們活一輩子，最大的功能似乎就是繇衍後代。

自從實行民主政體後，訂立了男女平等的憲法，讓婦女享有完全和男性一樣的權利。我覺得，女性解除了幾千年來的枷鎖，能够獲得受教育、服務社會等權利，有獨立生活的能力，可以昂首挺胸地活一輩子，有機會追尋人生的價値等，這都是個人利益，還屬其次；至於女性走進了社會，分擔了各行各業的工作任務，使社會有充沛的人力資源，加速文明的進步發展，爲人類造更大的福祉，纔是男女平等意義的成就，也是人類社會史上的大躍進。世界上還有許多國家的婦女，仍然被看作男人的財產，隨便交換買賣，或關在家裏吃喝生育；這些國家，多數貧窮落後，因爲他們的社會，就像一個半身不遂的病人。但婦女到社會任職，又引發了家庭和兒女的照顧問題，畢竟家務和哺育下一代，認爲是女人的任務，這種傳統觀念還未有多大的改變。忙於事業的父母，自然沒辦法全心全意照顧、管敎子女，家庭敎育和家庭溫暖的缺乏，導致少年犯罪的激增，已經成爲嚴重的社會問題了。

家庭敎育之外，學校的敎育問題更是嚴重。由於當前社會用人，偏向文憑主義，有高學位就是才俊的錯誤觀念，放洋留學的，更有如鍍了金一般，是天之驕子，於是造成激烈的升學競爭。

一個學生，由學前的幼稚教育，到大學入學試的聯考競爭，在生理和心理上，都長久地受到有形或無形的摧殘。雖然教育主管機構，標榜以「德、智、體、羣、美」五育的達成爲教育目的，而事實上，學生在十多年的升學競爭之下，智育是很有成就，德育和羣育的失敗，由少年犯罪率的日漸升高，可以看出。許多學校的教學方針，只爲提高升學率而教育，爲配合聯考而教學。到了高中三年級，不但準備參加聯考的學生，每天的生活，只是爲聯考而不斷考試，考到精神痲木，甚至崩潰；老師也爲加強督導即將參加聯考的學生而廢寢忘餐；有子女參加聯考的家庭，也減少了娛樂，謝絕了應酬，陪着孩子一起緊張。所以每年暑假前後，爲考試而憔悴的斯人，眞是不可勝數。對於這個關係着太多青少年前途的「聯考問題」，人人都知道是當前社會的「大問題」，已有少數文學作品的觸鬚，已經觸及的一個好題材，我們正期待着看到更多、更有代表性的作品，給社會一些反映或建議。

其他如人口問題，「兩個孩子恰恰好，生男生女一樣好」的「家庭計畫」，已逐漸改變了幾千年來，「多子多孫多福氣」的傳統社會觀念。昔日以「大塊吃肉，大碗喝酒」爲生活享受，肥胖就是「富泰」的觀念；現在也因醫學進步，知道「肥胖子非福」，肥胖容易引起心臟、糖尿病和中風，而以講求「營養均衡」的健康養生方法所取代了。

近二十多年來，由於教育普及，婦女投入社會，參與生產行列，經濟發展迅速，社會繁榮，帶動國家各種文化和建設的進步；從耕者有其田，到都市、人口等計畫的實施、推行，　國父民生主義的社會理想，可以說正在逐步實踐，而且獲得成就。近年來，教育方針轉向科技發展，社會民生的物質生活更見富足了。而提供社會以精神生活的文學工作者，面對着這許多令人眼花撩亂的社會新題材，正應當發揮他們銳敏的觀察力，使用動人的文筆，寫下這個時代的種切，如婦女如何艱苦地兼顧職業和家庭，努力貢獻己力給社會；青少年在成長過程中，如何面對不斷的激烈競爭，克服種種困難，養起勇毅奮鬥的精神，成爲社會的好公民，國家的棟梁；或者有一些失落在這新時潮社會激流中的男女等等，從層層面面的問題剖析，讓人因此分明了是非善惡，辨清了道德所應從違的方向道路，發揚人性的光明面，共造更完美的他日社會。

八、當代中國文學的國家觀

世界上的每一個人，必得要有自己的國家，才能談生活的幸福與理想的發揮。換言之，國家是我們「才能」植根的土壤，國家滅亡了，連生命財產都沒有保障，更遑論其他，所以人人都應該熱愛自己的國家，此心至死不變。所以當四十多年前，日本的鐵蹄踐踏中國的土地，無故屠戮我們的同胞；我們就奮起死戰，經歷了八年艱苦的戰爭！我們用鮮血寫下了一次又一次可歌可泣的戰役，才保全了我們國土的完整，國家的獨立，才使臺灣重新回到祖國的懷抱。在戰爭中，許多同胞壯烈地犧牲，這都是用他們的生命，來換取後代子孫的安定與幸福的生活；我們今天才能够在自己的國家內，發揮我們的才能和智慧。

反觀第二次世界大戰時，聰明的猶太人被希特勒加上「劣等民族」的罪名，集體屠殺，慘不可言；過去非洲的黑人，被運往美洲充當奴隸，整天鎖着鐵鍊，在田裏做牛做馬，直到老死。這時，無論你多有才能，多有智慧，又怎麼發揮?!日治時代的臺灣人民，在政治、經濟、敎育各方面，都深受日本人的歧視、剝奪與壓迫。現在臺灣光復了，我們才能夠在各方面發展我們的才能。所以在清末，國父在日本倡導革命時，就說：「中國的土地人口，是各國比不上的。我們在這個大舞臺上，却不能立下寸功。」國家衰弱的時候，備受列強欺凌壓迫，這在清末我們先人也曾經深深感受過作次殖民地人的悲哀與痛苦。要免除這種種悲哀與痛苦，只有人人永遠記取「愛我們的國家」！

愛國的精神不但是各民族所共有，而且都源遠流長，發自每一個人的內心深處。蓋國家的生存，遠較個人的生存更爲重要；國家的利益，也遠較個人的利益更爲重要。國家滅亡了，個人自然由主人翁的地位淪爲亡國奴；這時，你的生命財產，妻子兒女，都只有任人掠奪，任人宰割，任人奴役，當然更談不到什麼人性的尊嚴！因此，許多勇敢的人都會爲着國家生存，奮戰至死！他們並不是爲要建立什麼功勳事業，他們都只是爲着國家生存而奮戰！像周、秦、漢代的驅逐匈奴，宋人的抵禦女眞和蒙古，元末清末的志士，驅除韃靼，排拒滿清的英勇事蹟，都垂留在前代的史册中。岳飛、文天祥、史可法、秋瑾、林覺民等人的作品，都洋溢着永不止息的熱愛國家之情。

現在，時代邁入了新紀元，我國像許多新興的國家，在實行民主政治，在改善人民生活，在建設國家，努力開發。就以國際的關係來說，現在也和古代不同；以往保衞國家的方法，偏向於戰爭與犧牲。現在國際間由於政治、經濟與文化接觸頻繁，常常彼此影響。也就是說，現在愛國報國的途徑更加寬廣了，除了當國家被侵略，人人都要有挺身參加戰爭，保衞國土，勇於爲國犧牲的熱情以外，平時還要爲維護民主政治，爲發展國家文教、科技、經濟等力量，爲改善同胞的衣食住行育樂各種工作而努力，務期使國家日益富強：這是我們每一個國民都應該有的認識。也就是說，要如何高擧 國父所倡導的「三民主義」的大旗，來建立一個完整獨立自由幸福的中國！這種種愛國事情與思想，都要靠我們文學家煌煌的大筆，來紀述，來鼓吹，來灌注，務使「愛國的思想」在每一個國民的心中種植下千千萬萬丈顚撲不破的「根」！

九、當代中國文學的世界觀

「世界大同」，一直是中華民族幾千年來所追求的理想目標；這個理想，同樣是建立在「愛」的基礎上。中國人愛好和平，非到不得已，不發動戰爭，儒家墨家的政治哲學，「仁愛」「兼愛」是首務。在「世界大同」的理想下，國與國敦睦相交，人與人親愛共處，尊重不同的民族，敬重政體不同的國家，今人所倡言的國格尊貴，人權尊重，都是「大同世界」理想中的目標。

雖然我們「世界大同」這個理想一直未曾達成，因爲這個目標太完美、太高遠。現在，「世界」這個詞兒的涵蓋更廣，範圍更濶，要努力的工作、要克服的困難更繁。譬如種族之間的排拒天性，財富的分配不均，開發與落後的差異等問題，小至人生觀念、處世態度的不同，莫不是「大同世界」理想達成的障礙，在邁向實踐的途程上，平添無限的羈絆，越來越覺得困難重重。但是，理想的可貴，就在於它的完美和高遠，使人在邁進的途程中，磨礪起不屈不撓的意志力，和不畏艱難的精神。世界上，人雖然多，立「大同世界」爲人生理想的人却不多，只有博愛至極的人，才會有這種高超的懷抱。諾貝爾設立「和平獎」，其精神正同於我們的「世界大同」，在獲獎的人當中，有的是爲消弭國際戰爭而竭力，有的是爲服務不同種族的貧病者而終身奉獻，他（她）們的形貌，也許衰老疲憊，但在世人的心目中，都會把他（她）們看成雲端上的天使。又如奧林匹克的運動會，歐洲的共同市場，過去世界語的推行，都是建立在各國合作的願望上。國父更發揚孔子「大同世界」的理想，希望我們在恢復我們的民族地位後，能以和平爲基礎，使世界再沒有帝國主義的存在，使各民族都能平等相處，沒有戰爭，泯除國與國的觀念，而且人人在政治上地位平等，實行民主政治，提高人民生活，沒有貧富不均，互助合作，使人盡其才，地盡其利，建立安和樂利的社會，追求永遠和平，達到世界大同的理想境地。以這種思想爲題材的文學作品，正是今日戰火頻燒、遍地哀號的現實世界中，極端需要大量刻畫、極力鼓吹發揚的一種精神。

十、當代中國文學的文化觀

中國是一個文化古國。幾千年以前，我們的先祖，為我們創立了語言和文字，幾千年來，我們用自己的文字，記下了每一個時代的哲學、宗敎等思想，學術、藝術與文學的成就，科學技能，以至於禮樂與政敎制度，社會的民情風俗等，可以說，一語言，一文物，都是配合我民族的需求而自力創造的。其間在漢、唐等時代，亦有外來文化的輸入，但在我們「有容乃大」的文化襟懷下，都用我們強大的同化力，一一吸取而成為自我文化的營養素，促成中華文化的發展，更博厚，更高明，更輝煌，更豐碩，也更悠久。所以，在明、清以前，我國的文化典籍，可以說是「純中國式」的。明、清以來，先是耶穌會敎士，挾西方科技文明來我國傳敎，繼之是歐西各國以軍事和經濟力量，向我國大量傾銷商業產品，然後我國學術文物，不得不受外來文化的影響，呈現出新的局面。文學雖然是精神和心靈的產品，但作者的精神心靈，也必受他所處時代的影響，自然表現出不同於前代的思想心態，其中以科學技術所受的影響最明顯。在語言文字上，雖仍以中文創作為主，但夾入洋文，偶然使用西洋的句式語法，尤其是作品的思想主題上，都表現出很明顯的變化；清末大量介紹西洋文學的譯作，更開創了文學交流的風氣了。

在國際關係密切，交通快捷頻仍的今日，文化的交流就像潮水的漲落一樣，起伏、進出，永無止時。身為這個時代的作者，要想為這個時代的文化盡力，除了使用自己的語言、文字以外，凡是和寫作有關的事物因素，都要睜開眼去觀察，放開手來搜集，才能寫出這個新時代的情思和面貌，帶領讀者認識這個新時代的一切，新世界的形態，更要寫出這個世界文化融滙的時代精神。當然，對我國固有的倫理道德，優良的文化傳統，也應該藉文學作品來深植在國人的心中，使它更加發揚光大。

結語

自從民國肇造，政府大力宣揚和實踐三民主義思想，不但建立了民主政體的新中國，社會形態、學術文化也寫出了新史頁。文學也隨着時代思想的步調，加以革新，像胡適之的「文學改良芻議」，提出改良文學八件事；後來又發表「建設的文學革命論」，提倡「國語的文學，文學的國語」；從文學的形式與內容兩方面，啓導了中國文學之路的新方向。在白話文學運動的理想上，已經獲致了相當的成就。

從政府遷來臺灣之後，經過三十年的努力，已將臺灣建設成一個美麗的寶島，文學與藝術也隨着政治的進步，經濟的繁榮，人民生活的安定，作品大量增加，參加各種文藝社團的人數，多達二萬二千多人，影響之大，可想而知。我們從事文學工作的朋友，應該發揮文學的教育功能，去創作更有意義更有影響力的作品。我們應該體認今後我國文學發展的趨向，用我們的筆，寫作表現現代精神的文學。分別說來，有五項原則，在我們寫作時，應該堅守：

㈠爲發揮教育功能而文學——寫啓發人思想、涵養人性靈、提升人生命境界的作品。
㈡爲達成人類崇高理想而文學——寫追求世界大同的理想的作品。
㈢爲強固民族意識、國家觀念而文學——寫發揚民族自尊和張大國家聲威的作品。
㈣爲繼承傳統文化，締造新時代文化而文學——寫表現我中華文化新舊之美的作品。
㈤爲指導人生而文學——寫反映社會，辨識善惡，淨化情性，努力奮鬥，尋求眞、善、美境界，建立幸福的家庭，表現純美的愛心，指示爲人處世的正確道路，培養爲社會服務、爲國家犧牲的崇高精神的作品。

假使我們的詩人、作家、戲劇家，都能把握這五大原則，積極地創作他們偉大的作品；我想文學的教育功能，也就能夠徹底發揮，作品對讀者的影響，也就能無限的擴大。大家爲理想而努力；理想的世界，也就不難在我們的國家裏實現了。「文章」是「經國之大業，不朽之盛事」，希望大家一起來努力吧，寫出最好的文學作品，奉獻給我們的讀者吧！

文藝教育與青少年輔導

近幾年來，我國的青少年問題一天比一天嚴重，為大家所關切；這裏第就青少年問題與文藝教育加以研討。

前　言

人的一生可以分做幾個轉變的階段？有人說可以分做幼年、少年、青年、壯年、中年、老年六階段。依據聯合國的界說，以十五歲至二十四歲爲青少年時期；若依據我國法律規定，十二歲以上未滿十八歲爲少年，十八歲以上爲青年；現在摻合二說，再據行政院主計處七十三年十一月編印的「中華民國七十二年青少年統計資料」，來推算十二歲至二十四歲的青少年人口，在民國七十二年底，共有五百零四萬多人，大部分受過國民小學五六年級以上、初高中、初高職、專科、大學至研究所各種程度的教育；這豐富的人力與人才正是將來建設我們國家的支柱。

「青少年」是人生中最重要的一個時期，正是要努力充實知識，訓練技能，修養品德，學習做人做事的一個階段。有了豐富的知識，專門的技能，才能做好工作，獨立謀生，結婚養家，服務社會；有了良好的品德，在家能和家人和睦相處，這個家就自然美滿幸福；到社會上工作，就自然能與人融洽共事，互助合作，把事情做好；若再能自己鍛鍊健康的體魄，奮勵向上的精神，立下完美的人生理想，將來自然有絢爛的光明前途：所以青少年階段是我們的生命歷程中最重要的一個時期。

青少年也是我們由幼稚步向成熟、生理形態發生激變的一個時期，心理的困惑苦惱也是難以言說的。這好像醜惡的毛毛蟲要變成美麗的彩蝶，蠶蟻要變成能吐絲的蠶兒，都是要經過十分艱苦的歷程。我們從幼年轉入少年，生理逐漸開始走向成熟，體高和體重都突然增加很多，生殖器官逐漸發育完全，男孩子有了男性內分泌素，性器官增大，長出喉結與體毛，乳頭變大，聲音也變得深沉，有了性的衝動與煩悶，夜裏常有夢遺的現象。女孩子有了求偶素，說話的聲音逐漸甜美，腹部變成平潤，乳房逐漸隆起，臀部逐漸渾圓，有了月信的現象，來時往往有頭暈、腰酸、腹痛、抽筋、作嘔、皮膚過敏發癢、腿部腳踝腫脹難受的癥狀。生理方面發生這樣強烈的激變，自然使青少年的心理感到迷惑、苦悶、抑鬱、多愁善感，而難以適應。

現代人的生活緊張，社會變動的幅度擴大，人與人的競爭日趨激烈；今天的青少年生活在這樣的擠逼的環境中，無論在家庭、在學校、在社會都要面對著更多的壓力，抗拒著更大的誘力，也因此產生許多心理障礙及管訓犯罪的青少年。青少年的問題也一天比一天嚴重。就在我撰寫此文之際，今天報載就有兩名少女吸食強力膠後，從十一樓頂跳下死亡。青少年問題的探討，實在已經到了「刻不容緩」的地步了。這裏就青少年個人與家庭、學校、社會三方面來探討青少年問題。

一、家庭與青少年

家庭在一個人的生活環境之中，應該佔最重要的地位。自孩子出生時起，就可以看到家庭對他們的影響；在幼年時，父母大都特別愛護自己的孩子，照顧他們，養成他們良好的生活習慣，完美的本性，懂得待人接物的小道理；但是到了孩子逐漸長大，步入少年、青年時期，一般的父母對自己的孩子卻常常感到難以瞭解，發生了所謂「代溝」問題。最主要的原因，是由於青少年的心理與生理的變化所致。

青少年到了青春發育時候，身體突然長高許多，父母以為他們已經長大，對他們的關切與注意相對減少。事實上，孩子因身體迅速生長，雖然食量大增，但養分的補充還是跟不上，容易感到疲倦，生理激變而帶來煩悶，情緒也不大穩定；這時做父母的眼見過去乖順可愛的孩子愈長愈高，不但不能如預期的懂事，卻常常變得好吃貪睡，精神倦怠，邋遢懶散，呆坐幻想，甚而偷看黃色書刊，談情說愛，做功課也不專心，成績低落許多，都教人擔憂，又喜歡欺負弟妹，和同學閒蕩，有時也跟父母頂嘴瞪眼；這自然使父母生氣，要加打罵管教。在青少年的心理，常認為自己已經長大不是孩子，要求較多自主與獨立，不要再把他當做小孩子看待，對父母的約束管教常表示強烈的反抗性，父母過分照顧就表示不耐煩；說教就認為囉唆，不肯答腔，愛聽不聽；責罵就感到委屈，或以為偏心，女孩子動不動掉淚，男孩子認爲父母無理干涉，和父母疏遠。這種行爲常常惹得父母生氣，對孩子更加惶惑、擔憂、不理解。青少年外表看來好像大人，其實心態與想法仍屬於小孩與大人之間，並不成熟，能力也不夠，又缺乏經驗，不免時常做錯事情。在這個時期，青少年在心理與行爲上常有許多問題發生，只是做父母的大多不瞭解，不知如何疏導罷了。

青少年問題的發生，多由於管教不當。有的父母非常嚴厲，孩子一有過錯，就打就罵，更加深青少年反抗心理。有的父母亟望子女成龍成鳳，認爲只要把書讀好，其他都可不管；除讀書外，不許看報看電視看課外閒書，放學回家還要請家教補習，每晚都要讀到深夜十二點過，寒暑假又常安排去學這學那，日程滿滿的，青少年個個成爲眼神呆滯的小「進士」；戕害青少年，莫此爲甚！許多青少年心理的困擾、失常，多由此而來。有的父母因忙於謀生工作，對子女不加照顧，疏於管教。也有的父親忙於做生意，應酬，母親整天打牌，講享受，對子女更有不良的影響。還有的父母感情不睦，天天吵得天翻地覆，使孩子心理苦悶，無心爲學。父母離異的，家庭破碎的，對子女的影響更加嚴重。生於這種家庭中的青少年，由於缺乏父母的關愛與管教，好的沉迷於看電視聽音樂，不喜歡讀書，偷看黃色雜誌，呆坐空想，好吃賴床；壞的常見逃家游蕩，結交不良朋友，很容易感染到種種不良的惡習。親子之間如何溝通意見？如何幫助子女解決困難？給青少年適當的管教？這是值得我們注意的課題。

二、學校與青少年

臺灣地區的教育相當發達，根據統計：在民國七十二年底止，六歲至二十四歲的人口總數，共有七百三十一萬一千零七十一人，受過教育的有七百一十七萬四千人。今按其教育程度高低，列如下表：

不　識　字	一三七、〇七二人	一・八七%
自　　修	一、六一一人	〇・〇二%
國小程度	二、七二四、三六八人	三七・二六%
國中初職程度	二、一六四、五九二人	二九・六一%
高中程度	五五八、四二五人	七・六四%
高職程度	一、一八〇、三九九人	一六・一五%
專科程度	三四三、五三九人	四・七一%
大學程度	一九八、三一〇人	二・七〇%
研究所程度	二、七五六人	〇・〇四%
總　　計	七、三一一、〇七一人	

在這七百三十一萬一千零七十一人中，現在在各級學校就讀的肄業學生的總數，爲四百七十二萬一千八百二十人。男生爲二百四十二萬一千四百六十二人，女生爲二百三十萬三百五十八人；顯示男女教育日趨平等。現將這些在學的學生，按其程度，列表如下：

學前教育	二二二、一〇八人	四・四九%

初等教育	二、二三三、二九四人	四七·三〇%
中等教育	一、六七四、六三四人	三五·四八%
特殊教育	二、八二二人	〇·〇六%
補習教育	二四七、五三九人	五·二四%
高等教育	三五一、四三三人	七·四三%
總　計	四、七二一、八二〇人	

由上面兩個統計表看來，我國人民受初等教育的人數最多。自民國五十七年度開始實施九年義務教育，將原來的六年國民教育，延長到國中階段後，接受中等教育的人數日漸加多。現代教育家說：在今日世界中，任何一種行業都必須接受更多現代知識，農夫若缺乏化學知識就不能適當應用化學肥料與殺蟲劑。國民中小學就是提高一般國民的智能的教育場所；至於高級文化與科技人才的培養，必須受專科、大學、研究所等更高層次的教育。可是能夠由國民中學，而高中高職，而擠進了高等學府的窄門的仍然不多。現據教育部統計處資料，將民國七十二學年度(一九八三——八四)各級學校升學率，列表如下：

上年度畢業學生人數		當年度一年級在學人數		升學率
國　小	三七五、七五五人	國　中	三七〇、四八二人	九八·六〇%
國　中	三四八、九四一人	高中高職五專	二四四、九三五人	七〇·一九%

高　中	五四、三七〇人	
大　專	四四、七六四人	八二・三三%

由這個統計表，可以看出民國七十二學年度，國小畢業生升入國中一年級比率高達九八・六〇%，國中畢業學生升入高中高職五專的比率僅有七〇・一九%，有十萬四千人落榜，不能進入更高一層次的學校。一年十萬，十年累積就是一百多萬人。而高中畢業也有將近一萬人不能進入大專院校。若將高職畢業人數合計在內，每年恐怕就有好幾萬人不能進入大專院校了。

我們從前面三個統計表看來，要想由國中順序升學，進入大專院校，必須經過許多非常激烈的考試競爭，才有機會。因此，每年大學聯招的考生人數總在十萬左右；去年（民國七十三年）爲九萬八千二百三十六人，錄取名額三萬一千五百三十人，有六萬六千七百零六人落榜。

我們的社會與學校已經因爲學生升學考試競爭激烈的影響，造成下面兩種不正常的現象。

㈠社會價値觀念的轉變：因爲教育發達，大家想升學的願望逐年提高；再加現在的工作多需要專門的知識與技能，分工又細，非經專業教育與訓練，就難以勝任；而大學又難考上；就一改三四十年前，不大著重學歷的情況。從前用人只重眞才實學，所以梁漱溟、沈從文可以在大學任教，成爲著名的教授；王雲五可以爲商務印書館總經理、財政部長、行政院副院長，成爲舉世聞名的大出版家、政治家。現在則認爲學位越高，本領越大，總認爲初中不如高中，高中不如專科，專科不如大學，大學又不如研究所出來的碩士、博士；完全抹殺由自修力學，經驗累積，也可以獲致卓越的學識與傑出的技術。學歷高的收入高；學歷低的收入低，升遷也有限制。民國七十二年統計，十五歲至二十四歲就業的青少年，男的有七十四萬人，女的有九十萬四千人，合計一百六十四萬四千人。其中九十四萬人，爲從事生產、製造、運輸、操作機械、出賣體力的工人；十三萬多人從事農林漁牧的工作；學歷都比較低。二十六萬人從事工商買賣保險服務的工作；二十三萬八千多人爲監督及佐理人員；大多具有中等學歷。爲專門性及技術性人員，只有六萬六千多人，大都學歷都較高。就以大專畢業的就業狀況來說，據青輔會七十三年一月調查報告，以高學歷最受歡迎，醫工優於農理科。至於待遇，根據主計處七十三年十二月的調查報告，就製造業來說：工人平均月薪爲一萬四千元左右；職員平均月薪爲二萬一千元左右，職員可以升遷，高級職員也有月薪高達七八萬元。

因此，今天我們的社會充滿了「文憑至上」、「學位第一」的觀念，父母、老師、青少年本身都認爲能夠考上大學，才是好孩子、好學生、優秀的青年；不能考上大學，就前途無亮，沒有出息，就要一輩子平平庸庸了。

㈡學校敎育的失常：青少年接受教育，原應「德」「智」「體」「羣」「美」五育並重，使他們有良好的道德，充實的學識，健全的體魄，合羣的精神，審美的觀念；將來進入社會能夠成爲一個有用的人，生活有理想，工作能做好，操守完美，能與人合作共處，快快樂樂地追求他美滿幸福的人生境界。

然而今日的學校教育，從國中一年級起，就感受升學主義的沉重壓力，走上不正常的路子。進入學校不是爲了求取知識，提高技能，修養德性，健全身心，而是爲了要考上高中，考上大學，爲了將來謀求較佳的工作。學校教育就是爲了「如何幫助學生考上大學」而努力。於是學校分班有升學班，有放牛班；可堪造就的，就分在升學班；不堪造就的，就分在放牛班。爲了使升學班學生能順利通過考試，學校不斷加強升學輔導，增加主科授課時數，不考的科目減少上課時數，夜間還要繼續上課輔導，寒暑假也照樣要到學校上課。幾乎天天都要考試，畢業的那一年還要舉行「模擬考試」、「猜題考試」，試題數每科都是好幾十題，文科的出題支離破碎，偏重記憶，數理科的出題，超過程度，反覆練習，務使學生變成讀書的機器，考試的工具；讀得考得青少年身心俱疲，煎熬焦慮，緊張痛苦，失眠不安，頭痛肚子痛，甚至面對著書本讀不下去，考試時答不出來。我們最常聽到的一句話，是「考試領導教學」；只知偏重智育，其他德、羣、體、美四育一概放水了。放牛班呢，那就絕對放鬆，五育並缺，任其自生自滅，自暴自棄。這樣的教育，又如何能培育出良好的國民？完全失去辦教育的意義。

現在這種中等學校的教育失常現象，已經使許多青少年感到讀書是一件苦事，享受不出讀書的樂趣；不但如此，而且還造成了許多問題。許多青少年因過度用功，造成視力不佳，記憶減退，鼻子過敏，容易感冒各種毛病；在功課方面，常爲英文數理而苦惱，害怕考試，害怕不及格，害怕成績差，怕考不上高中、大學，怕父母責備，怕別人看不起的眼光，怕考不上自己興趣的科系，時時感受到前途的渺茫。還有許多青少年由於成績跟不上，學業挫折，失敗落榜，發生心理障礙，最常見的有自卑、焦慮、消沉、沮喪、孤僻、自閉，喪失自信，充滿了消極悲觀；反映於行爲的，有逃學、打架、說謊、妄想、亂花錢、抽煙、喝酒、吸食迷幻藥、游蕩玩樂。也有的因承受不了升學壓力，而心理失常、自殺的，也時有所聞。

如何使大家的價值觀念與學校教育恢復正常？這尙有待大家共同努力。

三、社會與青少年

宋代儒者認爲「家庭之教，必源於社會之教。」一個人的生活態度與觀念，和社會的風氣有密切的關係。社會大半是善惡並存，過去做父母的特別注意所居地的風氣習俗的良窳，所以有「孟母三遷」的故事，「惟鄰是卜」的說法，以免在青少年的善性尙未堅定的時候，就先注入罪惡的觀念，走上歧途，成爲不良的青少年。

朱熹蒙卦注說：「去其外誘，全其眞純。」然而今天的社會實難找到一塊淨土，可以不受外界的誘惑汚染。而一個人的善惡之念大都是由後天目濡耳染而來的；所以有人說：種善因，結佳果；種惡根，結罪果。俗語說：「少年歪斜，長大不務正。」然而今天由農業社會突變爲工商業社會，隨著經濟快速發展，生活富裕，大家一味追求金錢與物慾享受，使傳統的道德觀念淪喪，人心沉溺，已處處充滿了罪惡，一翻開報紙滿版都是詐欺、賣春、桃色、強暴、偷竊、搶刼、綁架、勒索、賭博、逼債、經濟犯罪、貪汚瀆職、傷害、殺人、走私、販毒之類的犯罪新聞。這種種的罪惡事件，對青少年的心靈汚染，不知有多麼嚴重，再加現在的電視播映的都是港式武俠連續劇，除了高來低去，刀光劍影之外，則是莫名的打殺鬪毆。父母在家裏看的錄影帶又多是妖精打架之類R級影片。電影院裏上演的大多是提倡暴戾鬪狠的武俠片，香艷的限制級色情片，謀財害命的警探片，驚魂怪異的恐怖片。書攤上供應的是講裝飾、講打扮，講不當愛情、畸戀，講致富的書籍。在市區看到的是菜館、酒樓、理髮廳、咖啡座林立，吃喝玩樂，樣樣俱全，滿街是五光十色的燈影，裝潢豪華的商店，極其誘人的心魂。心性未定、血氣方剛的青少年是很難抗拒這種種外來的誘惑的，需要金錢，滿足慾望，所以許多青少年就淪落爲罪犯。

在家庭與學校都偏重智育，忽略生活教育，道德教育的情況之下，青少年又如何能不受這個畸形發展的社會不良風氣的影響與誘惑呢？所以現在青少年犯罪的人數不斷增加、犯罪的年齡不斷降低。這是很可怕的現象。

四、青少年的犯罪與管訓

據行政院主計處統計，民國七十二年一年，臺灣地區十八歲以下的「少年」犯罪，經過各地地方法院審判終結，涉及刑事案件及移送管訓的人數，共有一萬二千二百五十人。其中男性一萬一千四百八十一人，女性七百六十九人。未滿十五歲的佔三三・九一%。以教育程度分，以受中等教育的，佔八四・九三%爲最多；初等教育爲一四・八〇%居次；不識字的佔〇・一三%，高等教育的佔〇・一四%，最少。其中受管訓處分的，有一萬零六百二十九人，以在社會就業的少年最多；其次是在校學生，計有四千四百六十八人。他們多半是觸犯刑罰法令，其次是進出不當場所，逃家逃學，參加不良幫派，攜帶刀械，深夜在外游蕩，吸食強力膠，打速賜康來痲醉自己，忘記苦悶。少年刑事犯，有一千六百三十一人，在校學生也佔有二百三十八人；犯罪的型態：竊盜，有四三．九二%，最多；其次爲殺人、搶劫、恐嚇、擄人、勒索等重罪；再其次爲贓物、強暴、妨害自由、吸毒等等。

十八歲至二十四歲的「青年」犯罪情況，臺灣地區各地地方法院檢察處已經執行有罪的人數，民國七十二年一年有九千七百九十五人。以竊盜最多；故意殺人、傷害、搶劫、勒贖等暴力犯罪，也佔有二七．三一%。

造成青少年管訓及刑事犯罪主要的原因，由司法院統計處及高雄市警察局的調查、統計及分析，可以歸爲家庭、社會、學校及個人等四因素。大抵少年管訓案件多因家庭因素，刑事案件多由於社會不良的風氣所使然。

㈠家庭因素：多因管教不當，其次爲父母失和、墮落、離異，家境太富裕或貧窮所致。

㈡社會因素：因不良的風氣、環境、電影、書刊、朋友、幫派的誘使薰染所致。

㈢學校因素：因課業繁重，升學壓力，師資不良，管理不當，校風敗壞，惡友沾染所致。

㈣個人因素：因個性頑劣，意志薄弱，愛慕虛榮，好奇心理，情緒失常，精力過剩，性慾衝動所致。

五、青少年問題與文藝教育

青少年時期雖然很短暫，但對一個人的影響卻極深遠。他的成功與失敗，自信與沮喪，積極與消極，善良與罪惡，往往會影響他一生的生活。父母和老師都應該幫助這一階段的孩子順利去適應，幫助青少年渡過這個轉變的難關，建立他們的自信的心理，以便將來能夠擔當工作，過幸福的生活。現在，如果他們發生了問題，不給予適當的輔導，將會造成他們終生的不幸境遇。

今天，我們的青少年的心理失常，甚至犯罪，移送管訓判罪的情況，日趨嚴重，成爲社會問題。我們的政府與社會也早已對這青少年問題加以注意與輔導。社會有「張老師」機構，學校也設有「輔導室」，政府也設有「少年感化院」，來輔導青少年。教育界人士也寫了許多文章來探討青少年的心理，青少年問題，少年犯罪，少年參加幫派，學校考試與升學所加青少年的壓力問題，少年法律專集等論著。國立臺灣師範大學學生輔導中心更積極編印「大專導師手册」，來指導學生增進心理健康、適應生活、有效學習、選課考試、與人交往、參加社團活動、充實休閒生活……等事。

陳梅生先生說：「青少年問題，事後的輔導只是消極的矯治，唯有事前的防範，方能正本清源，獲致積極的效果。」如何在事前加以防範呢？篤信文藝教育力量的人，認爲可以藉文藝作品的潛移默化，在青少年的心靈築起一道堅固的防線，有一顆完美的良心，有一個堅毅的意志，就可以抵擋外來的衝擊與搖惑了。程頤說：「古之人自幼而教之。在人智愚未有所主，即當以格言至論，日陳於前，盈耳充腹，人自安習，若本來就有，日復一日，即有罪惡搖惑，不能入也。」這種教育理論，也是我國傳統的文學觀念的衍伸。古人認爲詩歌有「動天地，感鬼神」的力量，先王就用詩來教化人民，所謂詩能「經夫婦，成孝敬，厚人倫，美教化，移風俗。」韓愈主張「文以貫道」，周敦頤倡言「文以載道」。清朝戲曲家李漁也認爲借戲劇向大衆說法，「善者如此收場，不善者如此結局」，所以寫作戲劇可以「勸使爲善」。梁啓超認爲小說有不可思議的薰染人的力量，所以要革新一國的政治、宗教、道德、風俗、學藝、人心，先要革新小說的內容。先總統也訓示我們說：「文藝是社會教育的利器。」認爲文藝作品，可以「提高人類的精神境界，免於物慾橫流的陷溺。」

我們不可否認文藝作品感人的力量。記得小時候讀朱自清的「背影」、謝冰心的「寄小讀者通訊」，對偉大的父愛、母愛，就留下極深的感動。讀「正氣歌」，文天祥的愛國的典型，猶在心裏。唱抗日愛國的歌曲，熱血即在我的胸中沸騰。看愛情小說，就立下感情生死不渝的誓願。觀看發揚忠孝節義的戲劇與電影，時時爲之感動，固執而行。所以如何創作有益於青少年的文藝作品，建立青少年正確的觀念？這大體也是現在許多注意青少年教育的人們所共有的認識。民國六十八年，教育部贊助一些作家寫了一套「青少年通俗讀物叢書」，由幼獅文化事業公司印行，像我所寫的「中國少年」，子敏所寫的「認識自己」，都是這一類的小讀物，每一本都售出十幾萬册，也有一些影響。

臺灣有些報紙雜誌，專針對少年、青年而發行的，國語日報，就是一個純教育性質的報紙，不過偏重兒童與少年；現在又有青年日報，以青年爲對象。「張老師月刊」就是以發掘社會問題，輔導遭遇挫折打擊的人的一本雜誌。

大量刊登文藝作品的報紙，有中華、中央、青年、新生、聯合、中國時報等副刊。印行文藝書籍著名的出版社有純文學、九歌、水芙蓉、爾雅、文豪、遠流、道聲、采風、彩虹、星光、萬盛、皇冠、洪範、大地等。書局兼出版文藝書籍的有三民、東大、黎明、正中等。中央文物供應社出版指導思想叢書。近代中國出版社出版許多先賢先烈的文學性傳記。大衆、志文出版社翻譯世界名著。世界書局，桂冠公司、遠東圖書公司翻印中國舊小說。國語日報、中央日報、中華日報、新生報、中國時報、聯合報都設有出版部大量印行各種書籍；其中文藝作品可供青少年閱讀的當也不少。而且現代文藝作家的文字也比從前作家寫得更好。爲什麼今日文藝的作品不能收到教育的功效？

我認爲造成今天文藝教育的無力感的原因，有下面三點：

㈠青少年時期，正當他們初高中階段，正忙於準備升學，爲應付考試，而日夜讀書的時候；在現在不正常的教育情況之下，他們又哪有時間去讀課外文藝書刊。他們要讀的是升學指導之類的參考書。每年這種參考書的銷售數量高達五千萬本，平均每個中學生每年要買三十本左右。我的兩個孩子讀初中、高中的時候就是這樣。我的書架上有許多散文、詩歌、小說；他們摸都不摸一下；事實上，他們也實在抽不出時間來看。我的國文系學生，問他們看過幾本古典小說？他們有許多連「三國演義」、「紅樓夢」也沒有看過，其他更不必說了。他們只有進了大學才從頭去看一些文藝作品。就是偶而一看，也是匆匆而過目；這又怎能留下什麼印象？

㈡現在出版的文藝書刊雖然很多，但他的內容也大多不是爲青少年而作的。現代詩有一度寫得連作者自己也無法解說，哪又怎能教青少年看得懂？而收吟詠情性之效。散文大多空靈清麗，虛無飄渺，也無關載道，也無涵哲思，也無感人的情感；不然就是隨筆雜談，只可以消閒遣悶；談實用的是政治、經濟、外交、建設，或是講髮型、服飾、戀愛、旅遊……也少有可以開拓胸襟，啓悟理智，搖蕩感情的作品。小說最多的是瓊瑤的愛情小說，金庸的港式武俠小說；因爲現在缺少寫實小說，當然也不會把青少年的問題作題材寫成小說，加以剖析，探討該走的道路。戲劇可以從電視連續劇與電影的內容看出來。要這些作品發揮文藝教育的功能，自然是緣木求魚，毫無效果的了。

㈢毒害青少年情性最深的，是家庭裏大人看的RX級的錄影帶；青少年由於生殖器官的生長成熟，副性的特徵的發展與變化，性的衝動與興趣，在青年時期往往十分強烈，偷看父母所看的錄影帶，自不免要戕害其身心，發生自瀆自慰的不良行爲。電視的武俠連續劇，刻畫那種鬪狠、奸詐、陰毒、說謊、兇戾、殘暴的惡性，都會給青少年反面的教育，不良的影響。難怪今天的青少年喜歡結幫結派，使狠打鬪，甚至殺人。至於電影的內容，常見的是賭王、殺夫、典妻、打鬼、舐血、牛郎、旗兵，演的全是牛鬼神蛇，蟲豸人滓，對青少年的心性有強烈的腐蝕作用。

在這種情形下，我們要想單單憑藉文藝教育來輔導青少年問題，的確是缺乏力量的。學校教育與社會風氣的革新，也應該加以注意。現在我們的內政部開始掃黑運動，解散幫派；教育部研究並實施國中的分科教育，改善大學的聯招辦法，青年輔導會幫助青少年就業，救國團舉辦青少年各種育樂活動，戰鬥訓練；對青少年都是有積極意義的。還有我們的政府應該倡導並鼓勵出版家有計畫出版各種有益青少年的讀物，以探討青少年問題爲題材的文藝作品，充實學校圖書設備，學校教育應該走上正常化，使青少年有時間去閱讀文藝作品。

文藝作家也應該有基本認識。我在「散文的創作、鑑賞與批評」一書中，曾經說過：「我們寫作，不要只爲了迎合一般人的胃口，去寫毒害心靈的作品，荒誕無稽的作品，消磨時日的作品。我們寫作不只是在求美，求感人，還要求提高人性，改造社會。我們的作品必須是燦爛的太陽，能散發光明；是柔和的月亮，能照見黑暗；是皎潔的積雪，能映襯堅貞善良的情性；是勃沛的雨水，能清洗炎熱的罪孽；是洪爐中的熊熊烈火，能伸張正義；是照妖的明鏡，能辨明邪惡；是豐碩的五穀，可作充實精神的食糧；是荒漠的甘泉，可以滋潤心靈的乾渴；是苦口良藥，可以補益人心世道。」

假使我們的詩人、散文家、小說家、劇作者都能把握住這些理想，積極地多創作一些與青少年生活與情思有關的作品，以引起青少年閱讀的興趣，讓青少年吟唱你作的新詩，朗誦你寫的散文，沉醉你作的小說，演出你編的劇本，作品對青少年有了實際的影響，文藝教育的功能才能夠發揮了出來。希望舉國上下都能爲文藝教育盡一己的力量吧！希望青少年能夠在心理上建設起正確的人生觀，作堅固的防線，那青少年的問題就不會再發生了，而泯滅於無形，使青少年個個成爲有用的人才，一起來建設我們的國家。

（原刊於民國七十四年六月國立臺灣師範大學「學術專題研究」第十三輯）

談文藝理論

二十多年來，我研究文藝理論，讀過許多文藝理論的論著，使我認識到過去的文藝理論家所走的道路，不外下列三條：

一、文藝創作論

社會大衆從事文藝創作與活動，需要文藝理論家來指導，於是有些文藝理論家專爲文藝創作撰寫專著，探討創作的方法、技巧與原理。日本在我國唐朝，大量派遣留學生前來我國，叫做「遣唐使船」，學習我國的文化，儒家思想、佛教經典、生活方式、文藝創作，都在這時候大量輸入日本。日僧遍照金剛就將我國人寫作詩文的方法，像聲調、韻律、對偶、文意、體勢等帶回日本，並且撰寫一本「文鏡秘府論」的專著。後來講究飲茶、插花的生活藝術又傳入日本，成了日本的「茶道」、「花道」。講文藝創作與活動的方法的理論，有專著，有通俗。記得我有一次要學跳交際舞，就去書店買了一本跳舞入門來看，裏面就教你如何跳三步、四步，華滋、倫巴；又有一次我想學畫畫，又去買了有關水彩畫法、油畫畫法、國畫畫譜畫論、人物素描之類書籍來看;這些都是屬於比較通俗的。更高一層的就是舞蹈研究、西洋畫研究、國畫山水畫研究之類專著。通俗的,大衆自修就可以,專著還需要老師講解指導。有許多文藝理論家純粹從創作方面建立理論,大抵從形式方面著手,講表現的技巧,目的在教導學者如何去做?才能做得最好?因此就有許多專講寫作、繪畫、譜曲、跳舞、演劇、雕刻、編輯、攝影、拍電影、建築設計、插花藝術等等的理論產生,教人如何去寫作?去畫畫?去譜曲?去跳舞?去演劇?去雕刻?去編輯?去拍片?去攝影?去插花?去設計?單就文學創作方面來說,「墨經」中的「論辯術」、王充「論衡・藝增篇」中論到的鋪張,劉勰的「文心雕龍」中談到「聲律」、「麗辭」、「比興」、「夸飾」、「練字」……之類,李漁的「閒情偶寄」中論戲劇的創作理論,還有我在「散文結構」中所談的寫作各體散文的作法,還有今人講修辭方法等等著作,都屬於這一類的文學理論。西方如柏拉圖所創的「演繹法」、「歸納法」,亞里斯多德的「三段論法」雖屬辯證邏輯方法,也可以用於寫作議論文。至於相傳為亞里斯多德的「三一律」,更是西方文學古典主義盛行時代劇作家編劇的圭臬。至今仍有許多作家沿用其法則;我們看「天才老爹」、「天才女兒」、「天才家庭」之類電視劇,作家安排情節之單純、時間之濃縮、場面之集中,依稀仍可見三一律的影響。福樓拜的「一語說」,不只莫泊桑奉行,亦為寫作小說者用心著意的地方。彼特拉克(Francesco Petrarch 1304-1374)的「十四行詩」,後來作為西方人傳統抒寫愛情的格律詩,流行於意大利、英國、法國。可見文藝創作理論的重要。

二、文藝思想論

思想與文藝的關係非常密切。劉勰說「理發而文見。」思想是構成文學作品的主要內容之一。美國文學批評家韓德（Theoder W. Hunt, 1844- ）說：「文學就是吾人『思想』經由想像、感情及趣味的文字，加以表現。」譬如莊子「列禦寇篇」，記莊子將死，他的弟子要厚葬他，莊子說：「吾以天地爲棺槨，以日月爲連璧，星辰爲珠璣，萬物爲齎送。吾葬具豈不備耶！何以加見？」弟子說：「吾恐烏鳶之食夫子也！」莊子說：「在上爲烏鳶食，在下爲螻蟻食；奪彼與此，何其偏也！」這段文字既很美，故事也很有趣味，寫的卻是莊子對死葬的看法，表現他超然曠達的人生觀念。這就是表現作者思想的文字。讀者喜歡讀它，在思想上得到無形移化、深刻影響。作家必須是一個有思想的人。文學作家如是；其他藝術家亦當如是，必須是一個有思想的人。他們都必須多讀思想性的書籍，才能提昇其思想的境界，然後發而爲文藝作品，才能從大衆的心靈深處，引導他們，教育他們，影響他們，走向理想大道。所以有些文藝理論家高揭文藝作品必須要有思想，才能提高大衆生活的境界，文化的深度。

我國從漢武帝聽信董仲舒的話，罷黜百家，獨尊儒家之後，孔孟學說、倫理道德就成了我國固有文化的代表；但道家的勢力也不少，歷代都還有人相信；此外，佛陀的教義，也從西域傳進來。過去，我國的知識分子，大體接受儒、道、釋三教的影響，許多文藝作品，像詩歌、戲劇、散文、小說、繪畫、建築、音樂、舞蹈、雕塑，無不受其影響，而各具其不同的內涵、風貌與意味。文藝理論家發為文藝理論，也各自不同。譬如自晉迄隋，佛道二家的思想盛行，儒道日漸衰微，不絕如帶，文學理論家韓愈、柳宗元、周敦頤是儒家的信徒，就起而排斥佛老，高倡作家要「文以明道」、「文以載道」，在作品中闡揚孔孟學說，儒家思想。又如李白好道，所作詩文，就多老莊之語；王維信佛，他的詩篇即富禪宗之味，他的繪畫也多畫佛陀、羅漢，表現慈悲的意態。宋韓駒、嚴羽以禪論詩的理論，也因此產生。嚴羽說：「禪道惟在妙悟，詩道也在妙悟；孟襄陽學力下韓退之遠甚，而其詩獨出退之上者，一味妙悟而已。……然悟有淺深，有分限，有透徹之悟，有但得一知半解之悟。」以禪喻詩，影響明代詩人。「王詩序」說：「上以風化下，下以風刺上，主文而譎諫。」鄭玄「詩譜序」說：「論功頌德，所以將順其美；刺過譏失，所以匡救其惡。」認為詩應有諷諫的作用。這種文藝理論影響所及，產生了杜甫的社會詩，元稹、白居易的諷諭詩。白居易想用詩歌來勸善懲惡，諷諫烱戒，並進一步發表含有這種思想的文藝理論。

現代美國心理學家威廉・詹姆士（William James）提出「意識流」的心理活動現象；奧地利心理學家佛洛伊德發表「夢的解釋」與「精神分析」等等學說，不只在心理學上有重大的貢獻，他們對現代的文藝思想也發生極重要廣泛的影響，現代的文藝思潮有許多是由他的學說衍生出來。像「達達主義」主張藝術要表現心象之美；「超現實主義」主張要表現潛意識中的事物：夢象、幻覺、欲望、本能，使西方的詩歌、小說、繪畫、音樂、舞蹈、電影、建築，都走上了現代美的路子，力求新穎、創造，表現心靈世界，於是產生了許多抽象畫、現代詩、心理分析小說、意識流小說、動感音樂與舞蹈、現代建築、心理片與恐怖片。

文藝理論在作家的思想上影響，尤其深遠。偉大的文藝理論家的思想，往往形成一地一時的文藝思潮，短的數十年，長的幾世紀；這種文藝思潮，眞如浪潮一般的，會蔓延各地，使無數的文藝作家都以理論家理想的文藝觀從事創作，透過作品表現了出來，潛流湧波，歷久不衰；這一種潛移默化，對讀者大衆的影響更是難以計量言說的。

三、文藝批評論

有了某種文藝作品之後，自然會產生了文藝批評。有戲劇演出，就有劇評，有電影就有影評，有畫展就有畫品，有小說、詩歌就有文學評論。也因此有文藝批評家存在了。所謂「批評」，含有評量、判斷的意思，對作品的價值，加以衡量給予適當的評斷，把作品的佳妙發掘出來，缺點也作客觀的評論，目的在使讀者認識作家與作品，使好作品流行，壞作品淘汰，當然也使作家知道自己作品的優點與缺點，知所發揚與改正。文藝批評家批評作家與作品，有的單憑個人直覺印象；有的依據文藝理論家的理論，由創作技巧與思想內涵，作客觀的評論；有的以個人的批評理論作批評的也有。各種文藝作品，因其性質不同，觀賞與批評的角度與重點，也就不一樣了。我國歷代文藝批評家流傳下來的評論文字與批評理論，數量相當多，如詩品、詩話、詞品、詞話、曲品、曲話、文話、藝槩、畫論、小說考證研究……等，滿架都是。西方這一類著作也是多不可勝數，據說對莎士比亞戲劇的批評的文字，就數以千計。法國自然主義的小說家左拉對古典主義、浪漫主義，大加撻擊，說他們是用僞裝去改扮眞實，古典主義採用了希臘、羅馬的古裝，浪漫主義也不過是改穿了中古時代的鎖子盔甲、緊身上衣罷了，而宣揚自然主義才是眞正的宣揚眞實，不加矯飾，終於使自然主義成爲十九世紀末到二十世紀初的一種文藝思潮，使許多小說家採用他的方法來創作小說。文藝批評理論與批評文字，對作家與大衆都有相當重大的影響。

鼓勵文藝理論家，多撰寫文藝思想性的文字，批評性的文字，建立我國現代文藝的理想。

（原載青年日報，民國七十七年七月四日）

聯想與寫作

我們寫作時最感到困難的，就是提起筆來，任憑自己怎樣搜索枯腸，卻總搜挖不出半點可寫的東西；一筆在手，凝滯艱澀，就像有千百斤的沈重，寫了又改，改了又塗，滿紙黑鴉鴉的，看看又不像話兒，就一張一張撕吧。撕的一地都是稿紙，這時會覺得寫作是一樁苦事，心裏著實羨慕那些搖筆即來的名作家，靈感不絕，妙思無窮，一字一珠，價値千金。

寫文章既這麼難，不一定就是自己的文字訓練不夠，表達能力不行。卻往往是由於自己的生活過於平淡，身邊的瑣事沒有什麼好記，平常的廢話也沒有什麼好寫。又好像患了失憶症，每到寫作時，頭腦就一片空白，情感平靜，思想無奇，要下筆也無從下筆。套一句古話，就是「肚子裏沒有半點墨水」，又怎能寫出好文章？相傳從前有一些差勁的秀才，碰到「胸無點墨」的時候，就趕緊去喝一點墨水。我想肚腸裝多了黑咕籠咚的飲料，當然偶而也能放出一些墨之香吧！現在藍墨水是不能喝的，這辦法自然行不通了。不過有些人認爲喝酒也可以幫助文思。像陶淵明喝醉了酒，就能夠寫出幾句好詩。李白斗酒詩百篇，更是藉酒之豪興來作詩的。有些人認爲飲茶也可以醒思。曹鄴就說喝茶能使「

六腑睡神去，數朝詩思清」。楊萬里也認為茶對寫作確有幫助，說：「細參六一泉中味，故有涪翁句子香。」涪翁是黃庭堅。自從香煙傳入了我國，尼古丁也可以提神；現代許多作家大都抽煙，嘴上叼著一支雙喜，吞雲吐霧，文章也就隨著煙霧吞吐了出來。我寫文章，煙、酒、茶，對我都不能有什麼幫助。我只有在很寧靜的斗室中，專心精思，才能寫出文章。唯有這樣才能增強我的聯想力，文思也就像涓涓小泉不斷湧流了出來。

「聯想」，對寫作是非常有用的。聯想，就是觀念的聯合。我們常由某一個觀念，連帶想起跟這個觀念有關的其他各種觀念；或由某一個人，連帶想起和這個人有關的各種事情：這就是聯想。想的愈多，可說的話也就愈多，用來寫文章，內容自然顯得充實。由這一個觀念能夠引出另一個觀念，這是因為這兩個觀念之間有某種關係，所以能夠產生「聯想作用」。話雖這麼說，其實儲存在我們頭腦的記憶之庫裏，有關連的觀念材料多得很呢，但我們卻未必能夠「聯想」得起來。我個人認為「思想的串聯與組合，與『類』有關」。因此，要想加強我們寫作時的聯想力，就要應用「按類聯想」這個方法。我常用「按類聯想」這個方法來修辭，說理，分段，鋪敍，都能收到甚佳的效果。

㈠修辭：修辭學上提到的「譬喻」、「對偶」、「對比」、「排比」各種技巧，都可以用「按類聯想」的方法來完成。

(1)譬喻：拿那個東西比喻這個東西，是寫作時常用的修辭技巧，用於寫景抒情敍事說理都能給人深刻的印象。為什麼可以拿那個東西比喻這個東西呢？這是因為那個東西和這個東西之間有一點「類似」。我們可以利用這「類似」的一點，將這兩個東西串聯起來。換一句話說，我們可以根據這個東西的某些特點，而聯想到與這些特點相類似的另一個東西。譬如我們看到池塘上有許多又圓又大的荷葉，突出水面很高，底下的葉柄又長又細，聯想力豐富的，就會想到跟這非常類似的另一情況，就是許多舞女旋身跳舞時，短裙飄起撐開而露出修長的小腿的情況。於是就會產生像朱自清在「荷塘月色」中所寫的「曲曲折折的荷塘上面，彌望的是田田的葉子。葉子出水很高，像亭亭的舞女的裙。」所以要作「譬喻」，只要從與這個情景相類似的情景想去；這就是「按類聯想」的一種辦法。

(2)對偶：也是由「聯想」構成，所以也可以用「按類聯想」的辦法來作對偶句。過去私塾老師教作對子，老師出「東南」，學生對「西北」，這是同類的聯想；老師出「智叟」，學生若對「愚公」，這是反類的聯想。像陶淵明想像桃花源中的生活境況說：

桑竹垂餘蔭，菽稷隨時藝。春蠶收長絲，秋熟靡王稅。荒路曖交通，雞犬互鳴吠。俎豆猶古法，衣裳無新製。童孺縱行歌，斑白歡游詣。草榮識節和，木衰知風厲。……

他由「桑竹」想到「菽稷」，「春蠶」想到「秋熟」，「荒路」想到「雞犬」，「俎豆」想到「衣裳」，「童子」想到「老人」，「草榮」想到「木衰」，陶公的這些想像，都有他「按類而聯想」的痕跡可尋。不過對偶句的聯想是非常整齊的聯想。如「草榮識節和，木衰知風厲」，就是詞詞按類配對的聯想。

(3)對比：我的朋友邱燮友說：「作家常用對比的手法來作文，就是把兩種相反的事物或情景，排比在一起，加以描寫，造成強烈的對照，產生特別的效果。」譬如郁達夫的兒子小龍死了，不久又到了院子裏棗子熟的時節；這時他因爲孩子死了，無人吃棗子，任由棗子自落；於是由墜棗的聲音，他聯想到去年棗子熟，在樹上採棗子給孩子吃，孩子高興哄笑的情況，就更增加了他自己的感傷。這也是一種「聯想」，所想的同是「棗子熟」的事。於是他寫成如下的文字：

院子裏有一架葡萄，兩棵棗樹，去年採取葡萄棗子的時候，他站在樹下兜起了大褂，仰頭在看樹上的我。我摘取了一顆，丟入他的大褂斗裏，他的哄笑聲，要繼續到三五分鐘。今年這兩棵棗樹，結滿了青青的棗子，在風起的半夜裏，老有熟極的棗子辭枝自落。女人和我，睡在床上，有時且哭且談，總要到更深人靜，方能入睡，在這幽幽的談話中間，最怕聽的，就是滴答的墜棗聲。（郁達夫的「一個人在途上」）

去年與今年同樣是棗子熟，但卻呈現歡笑與悲傷兩種絕然不同的情景，形成強烈的對比，而給人極深的感動。像這種對比的文字，從作者所以產生這兩種對比現象的心理活動來看，卻也是一種「按類聯想」。

⑷排比：爲要表達一些同性質的內容，而採用一些結構相似的句子，叫做「排比句」。由內容來看，排比句也可以用「按類聯想」的方法，來構思它的內容。譬如朱自清在「憶跋」一文中，說俞君回憶他兒時情形，想起四季的夜色：

在他的「憶的路」上，在他的「兒時」裏，滿布著黃昏與夜的顏色。夏夜是銀白色的，帶著梔子花兒的香；秋夜是鐵灰色的，有青色的油盞火的微芒；春夜最熱鬧的是上燈節，有各色燈的輝煌，小燭的搖蕩；冬夜是數除夕了，紅的，綠的，淡黃的顏色，便是年的衣裳。這以「夜景」爲中心，由此寫出俞君回憶兒時看到夏夜白色的梔子花，秋夜暗淡的油盞火光，春夜上元節的各色燈影，冬夜多彩而歡樂的除夕。這四時夜的景色的回憶，便是由「類的聯想」而來。又如子敏的「水仙花」寫道：

我確實眞切的聞過一次水仙花的香氣。那種香氣，就像聽覺裏的村外的牧笛，就像視覺裏的淡淡的浮雲，就像觸覺裏的溪邊的細砂，就像味覺裏的一杯薄薄的茶。

子敏由水仙花香氣的淸幽，淡遠，舒適，薄馨，而聯想到同類的牧笛，浮雲，細砂，淸茶。

上面這兩個例子，都是用「排比句」來表現作家心靈中所聯想到的意象。這些由聯想而來的意象，浮現在作家的腦幕上，寫了出來，便都成了極好的文字。

㈡**說理**：論理學家提到的「歸納」、「演繹」、「比較」等推理方法，可以用來寫作論說文。歸納利用「類概」的觀念，演繹利用「類推」的觀念，比較利用「類比」的觀念作成。嚴格說來，也都是「類的聯想」。

⑴歸納：採集許多同類的事情爲實例，然後據這些事例，概括（歸納）出相同或相異的一點觀念，作爲論者對某個問題的論斷。在我們寫作論說文時候，所謂「採集」也就是一種「按類聯想」；作者由「此」開始，想出許多同類的事情罷。譬如孟軻想到：舜在歷山種田很久，吃了許多苦頭，他不屈

不撓，努力奮鬥，後來才發跡成爲天子；同類的情況，還有傅說曾在傅巖築牆做工，膠鬲曾賣魚賣鹽，管仲曾被關進監獄，孫叔敖曾窮處海濱，百里奚曾被楚人當作奴隸來買賣，他們也都吃過許多苦頭，後來才從這種艱苦困厄的環境中奮鬥出來，擔負了重任。孟子一連串想起了這六個人的事蹟，並且體認了一點，就是「天將要降大任給人，一定先用困境逆境來磨鍊他，目的在激勵他的心志，堅強他的本性，增加他的能力。」現在，將「孟子」這一段文字摘錄如下：

舜發於畎畝之中，傅說舉於版築之間，膠鬲舉於魚鹽之中，管夷吾舉於士，孫叔敖舉於海，百里奚舉於市；故天將降大任於是人也，必先苦其心志，勞其筋骨，餓其體膚，空乏其身，行拂亂其所爲，所以動心忍性，增益其所不能。（「告子」下）

這一段文字，若拿現代的心理學來分析孟子創作的心理歷程，他能夠想出這六個同類的事例而得到一個共同觀點，這就是他運用了「聯想力」——按類的聯想。若從論理學來說，這就是用「歸納法」寫成的了。

(2) 演繹：作者常由一個觀點（論點），推演出許多同類的事例，叫做演繹推理；這也是「按類聯想」。作者只要根據他自己的這個觀點，去想跟這個觀點有關的一些事例，應用於文章中，就成了。譬如胡適在「文學改良芻議」一文中，提到「寫作務去爛調套語」，於是他就可以根據這個「寫作務去爛調套語」的觀點，「聯想」出現在許多詩人文士常用的一些陳詞及實例；在作法上說，這便是「演繹」。現將胡適的這節文字抄錄如下：

五曰務去爛調套語：今之學者，胸中記得幾個文學的套語，便稱詩人。其所爲詩文處處是陳言爛調：「蹉跎」、「身世」、「寥落」、「飄零」、「蟲沙」、「寒窗」、「斜陽」、「芳草」、「春閨」、「愁魂」、「歸夢」、「鵑啼」、「孤影」、「雁字」、「玉樓」、「錦字」、「殘更」……之類，纍纍不絕，最可憎厭。其流弊所至，遂令國中生出許多似是而非、貌似而實非之詩文。今試舉一例以證之：「熒熒夜燈如豆，映幢幢孤影，凌亂無據。翡翠衾寒，鴛鴦瓦冷，禁得秋宵幾度。么絃漫語，早丁字簾前，繁霜飛舞。裊裊餘音，片時猶繞柱。」此詞驟觀之，覺字字句句皆詞也，其實僅一大堆陳套語耳。……此詞在美國所作，其夜燈決不「熒熒如豆」，其居室尤無「柱」可繞也。至於「繁霜飛舞」，則更不成話矣。誰曾見「繁霜」之「飛舞」耶？

這是由「演繹法」推演出一些實例，但也是由「按類聯想」而聯想出的一些實例。

寫作論說文時，引用同類或異類的事例來作比較而得到一個正確的結論，或引用前賢名言，權威理論、成語俗諺、寓言故事、歷史事實來證明自己的論點，這都要憑藉我們的「聯想力」，「按類」去「聯想」，這樣才能想出一些有關的實例，作爲引證，作爲比較，加強了論點。

㈢分段與鋪敍：一篇文章總要分成若干個段落，每一個段落大抵要有一個寫作的重點，作者就依據這個寫作的重點，將與這個寫作重點有關的同一類的素材，依適當的次序鋪敍成爲一段，一段一段的聯綴，就組成了一篇完整的文章了。因此「類聚」這一個觀念與方法，在作文分段的時候是相當重要的，就是每一個段落大抵要把握一個「類」的觀念，按「類」去剪裁材料，安排內容。我們寫作文章，有時根據材料，像張蔭麟「子產執政」就是；有時藉重見聞，像朱自清「荷塘月色」就是；有時依靠想像，像林語堂的「秋天的況味」就是。無論是據材料，藉見聞，靠想像來寫文章，我們每一段文字，都得有一個重點，用「類聚」的方法，將同類有關的素材寫在一起。譬如張蔭麟作「子產執政」的第一段，寫「子產如何改革鄭國的內政」；於是他就將有關子產改革鄭國內政的一些措施：①重劃農地組成合作單位。②規定各等人各有制服。③編定刑法，向人民公佈。④增加軍賦，充實鄭國國防。他將這些材料聚集一起，寫成第一段。朱自清作「荷塘月色」的第四段寫「荷香」，他先寫荷塘，次寫塘上荷葉，再次寫葉子中間的荷花，由花又寫到荷香，由香又寫到微風與葉被吹動，以及葉下的流水。這都是作者看到的有關「荷香」一類的景象，他運用靈思，集中安排，寫成了這一段。張蔭麟是利用蒐集整理的歷史材料寫成，朱自清是利用實地觀察景物的印象寫成；不過，他們每一段大都就一個重點來鋪敍內容。至於林語堂作「秋天的況味」，則純粹利用「按類聯想」的方法構想文章的內容。現在闡述如下：

這時才憶起，向來詩文上秋的含義，並不是這樣的，使人聯想的是肅殺，是淒涼，是秋扇，是紅葉，是荒林，是萋草。

作者由詩文「聯想」起前人描寫「秋」的現象：肅殺，淒涼，秋扇，紅葉，荒林，萋草。接著作者又寫出他所喜愛的初秋景象：

大概我所愛的不是晚秋，是初秋。那時暄氣初消，月正圓，蟹正肥，桂華皎潔，也未陷入凜冽蕭瑟的氣態，這是最值得賞樂的。那時的溫和，如我烟上的紅灰，只是一股薰熟的溫香罷了；或如文人已排脫下筆驚人的格調，而漸趨精純煉達，宏毅堅實，其文讀來深長有意味；這就是莊子所謂「正得秋而萬實成」結實的意義。在人生上最享樂的就是這一類的事。

這寫初秋的熱消，月圓，蟹肥，桂華皎潔，都是以「初秋」爲重點，「聯想」起初秋時應有的一類景象。接著，他又由「初秋」溫和的美，「聯想」到其他同類的事物成熟之美，如烟灰的溫香，文章老鍊的有味，以及莊子秋天結實的話，轉入人生到了成熟的中年，也是非常美好的。接著他又這樣寫道：

比如酒以醇以老爲佳。烟也有和烈之別，雪茄之佳者，遠勝於香烟，因其氣味較和，倘是燒得得法，慢慢的吸完一枝，看那紅光炙發，有無窮的意味。鴉片吾不知，然看見人在烟燈上燒，聽那微微嗶剝聲音，也覺得有一種詩意。大概凡是古老、純熟、薰黃、熟練的事物，都使我得到同樣的愉快。如一隻薰黑的陶鍋在烘爐上用慢火燉豬肉時所發出的鍋中徐吟的聲調，是使我感到同觀人燒大烟一樣的興趣；或如一本用過二十年而尚未破爛的字典；或是一張用了半世的書桌；或如看見街上一塊薰黑了老氣橫秋的招牌；或是看見書法大家蒼勁雄渾的筆跡，都令人有相同的快樂。

人生在世如歲月之有四時，必須要經過純熟時期。

作者又「按類聯想」到其他同類成熟的事物，如：醇酒，好烟，燒鴉片，燉豬肉，破字典，舊書桌，老招牌，蒼勁雄渾的書法，用以比喻人生成熟溫和古老堅實的美和快慰。邱燮友說作者「組合這許多具象，造成美感，使人意味到秋天的況味和中年的成熟和滿足。」我由「類聚」的觀點來看，也可以說作者運用他豐富的「聯想力」，聯想起了許多與「成熟的中年」相類的事物，將它鋪寫一起，而充實了文章的內容。

從上面的三個例子，可以知道不但文章的「分段與鋪敍」需要按「類」來安排，如「子產執政」、「荷塘月色」二例；同時也可以「按類」來「聯想」文章各段的內容，如「秋天的況味」一例。我們因爲有豐富的聯想力，所以能夠用心靈將腦庫裏許多素材聯合，貫穿成珠串，組織成彩錦，鎔鑄成漂亮的文章。所以我還是要再提醒各位一句話：「聯想才是寫作文章的一個最好的方法。煙、酒、茶只能興奮神經，或提神醒思，或增加靈感，滑潤我們的聯想力罷了。」

（原載中國語文，民國六十六年五月一日）

方祖燊全集・論文集第六卷・國語運動史

國語運動簡史

第一章　清末的拼音簡字運動

清道光二十年庚子（一八四〇）中英鴉片戰爭開始，滿清政府的腐敗積弱，完全暴露了出來，於是內亂外患疊連而來。內亂方面，有洪秀全的太平天國，歷時十餘載，方告平定；連接着又有北方的捻匪，新疆的回亂，湖貴的苗叛。外患方面，繼鴉片戰敗，有法陷安南，英取緬甸，俄據伊犂，日併琉球、台灣、朝鮮；我國備受列強的侵略，因而引起義和團「扶清滅洋」的排外舉動，釀成光緒二十六年庚子（一九〇〇）八國聯軍的入侵北京事件，清廷賠償白銀四萬萬五千萬兩，並訂立種種不平等條約，使中國淪爲次殖民地的地位，造成國內空前的動搖。這個時候，深受日本歐美富強的情形的影響，愛國的知識份子，鑒於國勢的衰弱，無以復加，大都變成了熱烈的改革份子，有的要求維新，有的鼓吹革命。要求維新之策的，就倡言時務格致，講求船堅砲利。可是時務之行，格致之興，船堅砲利之用，都急需民智的開發，國教的推行，使人人能够認字讀書，好學識理。可是我國文字的艱深難學，音既難辨，形復繁變，義亦多歧，非窮數十年的專力，不能號爲「通人」；里巷鄉閭，固多文盲，據民國四年教育部的說法，一千人中只有七人識字，清末不識字的人當更多；加以各地方的方音不同，據章太炎先生的分法有十類，黎錦熙先生分爲十二音系，數百種方言，也可見我國方音的複雜了，彼此語言不通，不但鄉域的觀念深，不能團結一致，同時知識的傳播，工作的來往，生活的需要，也都極爲不便。當時的人士又以爲西方強、中國弱的原因，都是由於文字的難易所致。如歐美用拼音文字，認得二十六個字母就可以拼切所有的文字。中國一字一形，說文有九千三百多字，康熙字典有四萬多字，要認識這許多文字的形體，困難已可想而知；再加上讀音也要死記，因爲方言雜出，古今音變，沒有客觀的標準，形聲字的記音早已不可靠，如「江」字已不讀「工」，「河」字已不讀「可」，反切拼音也自然無法正確，全國語音沒法統一也就在此，就是學童日日習字認字了十幾二十年，也未必能够精通，書寫印刷也極爲費時，比起西方的音標文字，實在難上百千倍；因此有以拼音簡字改革漢字之議。首先倡言改革文字的是盧戇章氏。他在光緒十八年（一八九二）「一目了然初階自序」中說：

「竊謂國之富強……基於格致；格致之興，基於男婦老幼，皆好學識理；其所以能好學識理者，基於切音爲字。蓋字母與切法習畢，凡字可無師自讀。字、話一律，則讀於口卽達於心；況字畫簡易，則易於習認，亦易於著筆，可省費學者十餘載之光陰。以此光陰，專攻算學、格致、化學及種種實學，何患乎國之不富強耶？」

他倡言拼音文字，就是想以簡易的音標文字代替複雜的意標文字。認爲歐美拼音文字聲韻相切，學習極易，可省時間與腦力，用節省下來時間於實學，國家可以富強。假使我們能够撇開國粹本位，純從他提倡拼音文字的愛國動機上來看，他的想法，也未可厚非。清末的漢字改革問題，大都主張採用拼音簡字，也不能說是沒有理由的。他又說：

「當以一腔爲主腦，蓋我國十九行省除廣、福、台外，其餘十六省，概屬官話區。而官話之最通行者，莫如南腔。若以『南京話』爲各省之正音，則十九省之語言文字將歸於一律。文、話相通，中國雖大，猶如一家；非如向者之各守疆界，各操土音，對面無言也。」

他主張統一全國語言，以「南京話」爲標準語。他這兩種看法，影響很大。用拼音文字，統一國語，成爲時人努力的方向。後來勞乃宣在光緒二十四年七月十四日上給西太后奏摺中，也說：

「中國文字奧博，字多至於數萬，通儒不能徧識；卽目前日用所需，亦多至數千字，不足應用，學童入塾，至少必五、七年，始能粗通文理。貧家子弟，安得有此日力？故欲人人識字，人人能受教育，必不得之數也。……中國鄉民，有闔村無一人識字者。……歐美以二十六個字母，日本以五十假名，括一切文字。識此數十字，明其拼音之法，卽可執筆自達其口所欲言，卽可讀書閱報，通知義理，曉達時事。英國百人中有九十餘人識字，是以民智開通，雄視宇內。日本勃興，識者皆知其本乎學校，亦由有假名以爲之階也。是故今日欲救中國，非教育普及不可；欲教育普及，非有易識之字不可；欲爲易識之字，非用拼音之法不可。」

勞乃宣在這裏提出我國文字的艱繁難學，與歐美日本用拼音文字的效果相差太遠。他們的富強，在於文字的容易，民智開通。基於這種觀念，他主張要採用拼音簡字來普及教育，所以非改革文字不可。勞氏並認爲簡字的傳授，可以由一人授五十人，中國四萬萬人，五、六傳就可以傳遍，那麼數年之內，全國的人民都能識字讀書看報了，太平富強的基礎，也就奠定於此了。

這時創製拼音文字的人士也就日多一日，像光緒二十一年吳稚暉（敬恒）的豆芽字母，二十二年蔡毅若（錫勇）的傳音快字（三十一年湖北官書局重刊），力子薇（捷三）的閩腔快字（武昌刋行），二十三年王煜初（炳耀）的拼音字譜，二十五年沈曲莊（學）的拼音新字（上海石印），二十六年王小航（照）的官話合聲字母（天津刻行），三十年李午樵（元勳）的代聲術，三十一年勞乃宣據王照「官話字母原譜」增訂的合聲簡字譜（江寧刋行），三十二年朱文熊的江蘇新字母（日本東京淺草區同文印刷局印行），宣統元年劉世恩的音韻記號，無一不是主張以拼音文字代替漢字。梁任公（啟超）在時務報上刊為沈學音書序說：「稽古今之所由變，識離合之所由興，當中外之異，知強弱之原，於是通人志士，汲汲焉以拼音文字為一大事也。」也可知當日拼音簡字盛行的原因，目的在於救國強國。

至於「統一國語」的想法，繼起有王照、勞乃宣。王照主張以北京音統一全國人的語言。勞乃宣主張先習方音，次習北京音，以統一全國語言。光緒三十二年，上海競業旬刊刊有署名「大武」的一篇「論學官話的好處」說：

「諸位呀，要救中國，先要聯合中國的人心；要聯合中國的人心，先要統一中國的言語。……但現今中國的語言也不知有多少種？如何叫他們合而為一呢？……除了普通官話，更別無法子了。但是官話的種類也很不少，有南方官話，有北方官話。現在中國全國通行官話，只須摹做北京官話，自成一種普通國語哩。」

可見當時已有人疾呼以「北平話」統一全國語言。清末對文字語言的問題，大多主張採用「拼音簡字」實現「言文一致」的理想，採用「北京音」達到「統一國語」的目的。現在將當時對這個運動的首倡者盧戇章及影響較大的王照、勞乃宣三人的有關簡字運動的事蹟，分別介紹如下：

盧戇章，字雪樵（一八五四—一九二八），福建同安人。二十五歲自新加坡回到福建廈門，應英教士馬約翰之聘，助譯「華英字典」。他看到漳、泉一帶洋教士，利用羅馬字母，參酌漳、泉通俗韻書十五音，創製「話音字」，拼切土話，刊行聖經，傳播基督福音，很是有效，就有改革漢字的想法。他根據「話音字」，專心潛研了十幾年，在清光緒十八年（一八九二）製成一套用羅馬字拼音的字母，稱做「中國第一快切音新字」，共有五十五個符號，分爲總字母（韻母）、與總韻脚（聲母）二種，橫行拼寫，兩音以上的詞都用連號。用三十六字，就可以拼切廈門話：拼漳州話加兩字，泉州話加七字，其他十字是拼切各地方言的總腔。他又用這種新字編撰廈門腔的課本，名叫「一目了然初階」（由廈門五崎頂倍文齋刊行）。廈門人用他的拼音新字，只需學習半年，持筆作文，就能暢所欲言。二十四年（一八九八），光緒帝銳意變法，他的同鄉工部虞衡司郎中安溪林輅存爲上奏，請採用盧氏切音新字。七月二十八日，清廷令總理各國事務衙門調取盧所著，加以硏究。不久，發生戊戌政變，西太后受舊黨慫恿，再次臨朝聽政，殺六君子，悉罷各項新政。接着有義和團之亂，八國聯軍之役，變亂頻仍，事遂中止。不過盧氏因爲採用變相羅馬字，不中不西，在新字的推行上諸多不便，又加整理修正，著成「中國切音字母」。到了三十一年，學部設立，他就前往北京，將「切音字母」奏呈學部審查。這時他所製的字母已經改用偏旁或簡單的點畫，有點像日本的「片假名」，和早先所定的羅馬式不同，稱聲母爲聲音，韻母爲字母，聲音二十五字，字母達一〇二字，切音字以「北京音」爲主，末附泉州、漳州、福州、廣州、廈門五種字母。當時學部並不重視，到了第二年才將這書交譯學館文典處審查，結果以「聲母不完全，韻母無入聲寫法乖謬三端，自難用爲定本，通行各省」，批駁了下來，粉碎了盧氏的理想，也可見當時的教育當局對此運動缺乏認識。他經此打擊，知道想藉清廷之力推行改革文字、統一國語的運動，是絕對無望的，於是改弦更張，將他的理想逕向社會宣傳。回返上海之後，略加增訂，編爲「中國新字北京切音」，由點石齋石印印行「中國字母北京切音教科書」首集貳集，並在書名旁邊，綴上一副聯語道：

「卅年用盡心機，特爲同胞開慧眼；

一旦創成字母，願教吾國進文明。」

從這一副聯語裏，很清楚看出他想藉拼音字母，改革漢字，提高國人的知識，促使文明的進步。民國元年教育部成立「讀音統一會」，盧戇章被選爲福建代表會員，出席國定讀音的會議。二年通過章炳麟先生等創製的「注音字母」；氏認爲不如他所製的簡易，返籍後將他「切音字母」改名爲「國語字母」。民國四年出一本「中國新字」。盧氏爲他拼音字運動的理想，前後奮鬥了數十年，他創製的「新字」，雖然未曾用世，但是他首先開拓了國語運動，在國語發展史上自留下不可磨滅的功績。

王照字小航（一八五九——一九三三），河北寧河人，爲新黨黨人，光緒二十四年八月戊戌變起，逃往日本。二十六年（一九〇〇）回國，著「官話合聲字母」（天津刻行），自署「蘆中窮士」。字母模倣日本片假名，採取漢字某一部份製成，例如今注音符號「ㄆ」，他就取「撲」字偏旁「扌」爲之；「ㄨ」，他就取「五」字之下半部「五」爲之，共計字母（即聲母）五十，喉音（即韻母）十二；它所以聲多韻少，王氏將介音ㄧ、ㄨ、ㄩ屬於字母（聲母）所致。聲調根據京音而定，分上平、下平、上、去四聲，沒有入聲。由字母跟喉音（聲、韻）相拼，可得二千多音，包括北平、天津一帶的語言，學習非常容易，幾天就會，最笨的人也不過幾個月罷。二十八年，王璞替他鼓吹，以爲這套官話字母是人人能夠讀書看報便捷的方法。二十九年，王照創立「官話字母義塾」，用木刻活字排印書報，如「拼音官話報」，在漢字的旁邊加注字母；所編唱本「堂上活佛」，都極富趣味。當時翰林院編修嚴修家中的丫頭、老媽子、廚子、車夫學會了這套官話字母，他們都會寫信作文。直隸總督袁世凱幼子克文，一學就會，所以袁氏就令督署學務處擬定辦法，以利推行。學務處就通令全省啓蒙學堂傳習，又設義塾推廣，撥專款拼譯書報，將「官話字母」加入師範及小學的課程，並且在天津設立簡字學堂，大規模招收學生。三十一年，兩江總督周馥，盛京將軍趙爾巽，各在省城設立簡字學堂傳習。王氏「官話字母」就由京、津而南京，而奉天；漸而推廣到山東、山西、河南、東三省，傳播很廣，幾及十三省。三十二年，王氏著「官話字母字彙」（北京長老會印行），以字母、漢字相對照。這時各地講習官話的簡字學堂，有幾十所，認識這種字母的，也有幾十萬人。吳汝綸是桐城派的名作家，也替他上書給管學大臣張百熙說：「此音盡是京城口音，尤可使天下語言一律。」可以由官話字母統一全國的語言，因此張百熙也為之所動，和榮慶、張之洞，在奏定學堂章程時，將「官話」一門，附入師範及高等小學堂國文科課程之內。規定學務綱要第二十四條說：

「各國語言，全國皆歸一致，故同國之人，其情易洽，實由小學堂教字母拼音始。茲以官話統一天下之語言，故自師範以及高等小學堂，均於國文一科內附入官話一門。」

官話既被列入學部法令，王照的官話字母，無形中成了「國定字母」。可是不幸王照因為受袁黨的株連，義塾被查封，字母被禁止；王照避難江蘇，他的門徒害怕牽連，就將他所印行的書刊悉數付之一炬。

勞乃宣(一八四二——一九二一)字季瑄，號玉初，原籍浙江桐鄉，生於河北廣平。同治十年進士，歷任臨榆、南皮、完、蠡、吳橋、清苑等縣事。光緒末總理南洋公學、浙江大學等事。宣統時侍講筵，資政院議員，京師大學堂總監督，兼署學部副大臣，民國初退居泗水曲阜。是王照的同志，第以王氏官話限於京音，雖然風行北方，却不能在南方推廣。光緒三十一年（一九〇五）八月，勞氏據王照官話字母原譜五十母十二韻，增加了六母、三韻、一入聲號，爲五十六母十五韻，編成「寧音譜」，用來拼切寧屬各府縣及皖屬部分地區的方言。九月，又就「寧音譜」，增七母、三韻、一濁音號，爲六十三母十八韻，編成「吳音譜」，用來拼蘇州及所屬各府縣與浙江語言相近各地的方言。當時兩江總督周馥設立簡字學堂，辦師範班，就用他所編的「寧音譜」作教材。兩年間，畢業學生有十三班幾百個人，輾轉傳授，所以江浙人通曉簡字，日益增多。端方當兩江總督，又命令江寧四十所初等學堂，附設「簡字」一科，於是乎婦女村民也能看報寫信了。

勞乃宣對於推行國語的意見，和王照並不盡同。王認爲要統一全國語言，應以「北京音」爲標準；勞認爲學國語，須先從方言入手，所以說：

「先各習本地方言，以期易解；次通習京音，以期統一。」

意見與方法雖然不同，但他們統一國語的理想則一。然爲南人所誤解，引起激烈的反對。如上海中外日報，詈罵勞氏爲「分裂中國語文之罪魁，使中國愈遠於同文之治。」以爲若要統一國語，就應「強南就北」，全國的人學習京音。勞氏通函，替自己辯護，認爲依他的方法去做，不必強南就北，自能「引南歸北」，說他所編「寧音」「吳音」二譜，中都包羅「京音」一譜，「以隨地增撰通其變，仍以有增無減統其同。」勞氏據此主張，又據「吳音」增加二十母二韻，爲八十三母二十韻，定爲「閩音」「廣音」二譜。自言本等韻之理，考諸方之音，上宗欽定「音韻闡微」、「同文韻統」，合聲定切之法，廣徵古今南北聲韻遷流之故，編成「簡字全譜」一篇，於光緒三十三年，先分錄「京音」「寧音」「閩音」「廣音」四譜，後列一百十六母二十韻、分配古母及韻部表，末附四種方言爲例。中國各處方音，幾乎全包括於內，仍以京音爲主，又附「京音簡字述略」，述王照創製的「官話字母」。

光緒三十四年四月二十四日，勞乃宣面奏西太后，力言簡字的用處。太后許他呈進。七月十四日，勞將簡字全譜、京音簡字述略，增訂合聲簡字譜，重訂合聲簡字譜、簡字叢錄等五種著作，合寫成「簡字譜錄」五卷，進呈御覽，請旨頒行天下一體傳習。他的內容，大概包括下列數點：

(一)於初等小學以前增一學年，專教簡字，先習本地方音，次習京音，然後再教漢字。

(二)強迫全國人民及齡者，均入簡字學堂一年。

(三)將來立憲時，凡能識此簡字者，始准作公民。

(四)勒定五年之後，官府出告示，批呈詞，皆參用此字。

(五)廣設簡字報館，使人人能獲閱報之益。

勞氏實期藉清廷力量，使這簡易拼音文字推行全國，達到普及教育，統一語言，開通民智，富強國家的目的。然而呈上之後，當時學部中人，對此不無懷疑，被學部擱置。勞氏沒法，在宣統二年（一九一〇）聯合賢達名流，如趙竺園、汪榮寶，在北京成立簡字研究會，向社會宣傳。到民國四年，張一麐任教育部部長時也說：

「中國文字形爲主，他國文字音爲主，主形則文字繁，主音則文字簡；繁則難記，簡則易知。夫文字者，語言之符號。………徵諸外國，歐美文字不出二十六字母以外，日本文字不出假名五十音以外，世界各國若埃及、巴比倫文字亦主象形，乃其後遞推遞衍，自希臘拉丁以後，變而爲音、母相切之法，故能有今日之文明。日本若無假名而盡用漢文，又安所得普及之利器？當此科學昌明之世，非節省童年之腦力目力，殆將無以生存！」（見十二月呈請大總統試辦注音字母傳習所一文）。因此可知當清的季年，多有拼音簡字的提倡與製作，若閩之盧戇章、直隸之王照，浙之勞乃宣，豈是無因。蓋想以簡易的拼音文字代替繁難的象形文字。

當時由於王照、勞乃宣在社會上的鼓吹推行，簡字運動遂漸爲時人所認識。清廷於宣統三年成立資政院。資政院是滿清政府預備立憲的第一屆變相國會，勞乃宣被選爲議員。他就聯同江謙、嚴復、陸宗輿等三十二位議員，在資政院提出質問學部「分年籌辦國語敎育說帖」，倡言應以拼音簡字爲推行國語敎育的工具。國語運動這時已由各地有各地腔調的拼音快字，轉變爲討論如何統一全國語言的簡字問題。資政院成立之後，各方陳情，請頒行官話簡字的說帖，絡繹而來。如江寧程先甲等四十五人一起，直隸韓德銘等一百八十七人又一起，四川劉照藜等二人又一起，京師韓印符等八人又一起，滿州慶福等一百十一人又一起，……列名達四百人，聲勢浩大，引起資政院重視，卽推選嚴復從事審查。嚴氏在十二月二十六日提出審查採用音標，試辦國語敎育的報告書，認爲要想謀國語敎育的普及，不可不添造音標文字。結果得資政院議員多數贊成通過。該報告並修正原案四點：

㈠將「簡字」正名爲「音標」。

㈡設傳習所預先試辦。

㈢在流行數種拼音字中，由學部審擇一種，加以修訂，奏請欽定頒行。

㈣規定音標用法有：「①拼合國語，以開民智，合異語各族之感情。②範正漢字讀音，於課本生字旁注音標。」二種用法。

嚴氏審查報告，雖經資政院會議通過，然而當時學部仍設法將這案子推宕到「中央教育會議」去公決。宣統三年，就是辛亥革命的那一年，四月，江蘇教育總會會長唐文治等，發起在上海舉行各省教育總會聯合會，通過「統一國語方法案」，用北京音作標準音，用北京話作標準語，用順直流行的簡字作音標。六月，學部召集「中央教育會議」，參加會議者有一百九十六人。由王劭廉提出「統一國語辦法案」，辦法分爲五階段：

㈠調查語詞、語法、音韻及其他關涉語言之事項。

㈡編纂國語課本、語典、方言對照表等。

㈢以北京官話爲統一國語之標準。

㈣決定製定音標。

㈤擬訂傳習計劃。

這個方案終於通過。使國語運動向前邁進了一大步。十月十日，武昌革命成功，清廷所立各種法案也就失效。自盧戇章至勞乃宣的拼音簡字運動，到此也告一段落。

第二章　大陸時代的國語運動

國父孫中山先生在民國元年十月十日發表「中國之鐵路計劃與民生主義」（刋英文大陸報），特別提到統一國語問題，說：

「今後將敷設無數的幹線，貫通全國各地，使伊黎與山東恍如毗鄰，瀋陽與廣州言語相通，雲南視太原將如親兄弟一樣……各省間不復時常發生隔閡與衝突，那麼國人的交往日益密切，各處方言將歸消滅，而形成民族共同自覺之統一的國語必將出現。」

國父之重視統一國語問題，由此可見。他認為開發鐵路可以幫助全國語言的統一，消弭地域觀念；國語統一，全國的人民才能像親兄弟一般，成為團結一致的大中華民族。這時，教育總長蔡元培先生很想實現清末國語簡字方案，在十二月聘吳稚暉籌備「讀音統一會」的事，於是展開了國語運動的新頁。大陸時代的國語運動，可分四期：

(1)**讀音統一會時期**：從民國元年到八年，繼清末簡字運動之後，屬於創製期。讀音統一會在吳稚暉先生籌備下，於民國二年二月十五日在北京正式開會，到有各省代表四十四人，討論讀音的統一，到五月二十二日閉會，審定了六千五百多字的國音，擬製三十九個注音字母，並通過七條推行的方法，交給教育部去執行。國父這時在香港向英人克魯克（Crook）教授表示要在幾年內用教育的力量做到國語的普及。不久，因為政局改變，教育部人事更動，接着袁世凱稱帝，張勳復辟，軍閥割據，南北對立，世局動盪不安，無暇及此；國音製訂後，也就被擱置一邊。不過在北京從事國語運動的人士，仍然在社會上不斷努力。如民國四年王璞等組織讀音統一期成會，五年設立注音字母傳習所，發行注音書報。六年黎錦熙、陳懋治等人組織國語研究會。孔德學校採用注音字母編國語課本。七年吳稚暉先生在上海起草編「國音字典」。六年胡適發表「文學改良芻議」，七年發表「建設的文學革命論」，倡導白話文學。於是「統一國語」與「文學革命」兩大運動，匯合成一道國語運動的巨流。國語研究會的會員增至一千五百多人。這時第三次全國教育會聯合會在杭州開會，通過請教育部將注音字母推行各省。因此，教育部在北京、武昌、瀋陽、南京、廣東、成都、陝西七所高等師範學校，附設「國語講習科」，選派各地學員前往學習。同時在十一月二十三日，將注音字母正式公佈，作爲各省傳習推行統一讀音的標準。八年四月十六日又公佈注音字母音類次序，使學者知道發音的順序。

(2)**國語統一籌備會時期**：從民國八年至十六年，屬於開展期。民國七年十二月公佈國語統一籌備會規程；八年四月二十一日，教育部正式成立國語統一籌備會，專辦有關統一國語的事情。國語運動成爲政府教育施政之一。國語統一籌備會前後網羅了全國最有名的語文專家學者一一四人爲會員，所以在統一國語的工作上大大的開展。如教育部接受國語統一籌備會專家的建議，陸續公布了幾個有關推行國語的重要法令：

a.民國九年一月二十四日，通令全國國民學校，將一二年級的「國文」改稱爲「國語」，課文改用「語體文」編寫，並先教授「注音字母」；使統一國語的工作，能夠從小學奠定了基礎；影響極其深巨。

b.民國九年，又在「教育公報」上，公布新式標點符號，代替了舊式的圈點。（按a、b二案，係劉復、周作人、胡適、朱希祖、錢玄同、馬裕藻等人，於民國八年提出。標點符號一案，並經胡適修正，經教育部採納。）

c.民國九年十二月二十四日，公布吳稚暉編「國音字典」，作爲教授國音的準繩。十年，又公佈國語統一籌備會就吳所編加以校訂的「校改國音字典」。

d.民國十年，將語體文、注音字母、發音學、國音沿革、國語文法、國語教授法等，列入師範學校和高等師範學校必修科目中。

d.民國十一年五月一日，又公佈注音字母書法體式三種，採用印刷體一種，書寫體楷、草各一種，使書寫體式，美觀畫一。

國語統一籌備會，除了給教育部作建議，公佈了這些法令，並設立各種委員會，研究國語的問題：如民國八年設立閏音委員會，九年四月十二日改爲審音委員會，究討方音問題，及注音字母的缺點，五月增置了「ㄜ」母，使注音字母由三十九個增爲四十個。又如十年十月，設立漢字省體委員會，研究簡體字問題。十二年八月，設立增修國音字典委員會，討論修訂國音字典，接納全國教育會聯合會的建議，以北京話爲增修的標準。八月二十九日，組織國語羅馬字拼音研究會，研討國語羅馬字拼音法式，並於十五年十一月九日，將國語羅馬字拼音法式，公佈於世，作爲譯音時的依據。另外還做一些其他工作，如九年四月舉辦國語講習所，傳授國音與國語課程，訓練傳播國語學員等。

在社會方面，由於民國八年五月四日，北京學生爲抗議日本侵略我國，展開愛國的新文化運動，報紙雜誌紛用白話文撰稿，要求一切革新，因此白話文學蓬勃發展了起來，有種種文學會社，新詩、散文、小說、戲劇，因此產生了許多成功的作品。國語的推行，則有民國十年陸費逵、黎錦暉、陸衣言等，在上海設立國語專修學校；十二年，國語專修學校同仁發起「中華國語勵進會」，並發行會刊。國語研究會於民國十年在上海設立支部，提倡兒童文學，發行兒童叢書；十一年二月，創辦國語月刊（中華書局發行）。十六年六月十四日，錢玄同、黎錦熙在北平又創辦國語週刊，附在京報出版，十二月停刊，撰稿者有胡適、吳稚暉、林語堂、白滌洲……等人。

這時期，國語運動並不完全順利，也有阻礙的勢力，民國十四年，章士釗先生就任教育總長，他本人對國語教育反對甚烈。他甚至想藉北洋軍閥的力量來禁止國語。這年十月三十日，教育部部務會議決定讀經。黎錦熙在會上力爭不勝。陸衣言鑒於軍閥政府有摧殘國語教育的措施，如明令禁止小學校教授語體文，於是他就奔走南北，聯絡國內外國語的同志，發起全國國語運動大會，各地同時舉行盛大的國語運動會的有八十六處。十二月三日，蘇、浙、皖三省各師範小學，在無錫開聯合大會，反對小學教文言文，特別在無錫第三師範學校的操場，舉行焚毀初級小學文言文教科書的儀式，表示堅決反對的決心。十五年二月二十四日，上海成立全國國語教育促進會籌備處，設徵求隊一百隊，汪怡安、黎錦熙、王璞、趙元任、劉復、錢玄同、齊鐵恨、黎錦暉、方毅、陸衣言、張一麐等一百人分任隊長，積極向各省徵求會員，各地人士團體紛紛加入，有教育廳、中學校、師範學校、教育局、教育會等機關會員二十多個，個人會員一千多人參加。九月一日，全國國語教育促進會在上海成立，蔡元培爲會長，吳稚暉、張一麐爲副會長，高揭促成「國語統一」「言文一致」的大旗，並在漢口、蕪湖、新昌、紹興、蕭縣等地設立分會。可見在這時期中，雖遇有阻力，但國語運動仍如火如荼地在各地開展了。有關國語的著作，如國音字典、國音詩韻、教學國音的教材、國音簡史，文法也開始產生。今列述如下：

吳敬恆「國音字典」（民八、上海商務館發行）。吳氏於民國七年據二年讀音統一會審定六千五百多字，增補六千多字，連同科學及俚俗的新字六百多字，共收一萬三千多字，依康熙字典的部首排列；注音也根據民國二年審定的舊國音，聲母分尖團音，尖字如秋ㄘ一ㄡ，仙ㄙ一ㄢ；團字如邱ㄑ一ㄡ、掀ㄒ一ㄢ；聲調採陰平、陽平、上、去、入五聲。卷末附例言，詳釋注音字母的讀法與聲韻的沿革。是我國最早的一部國音字典。

國語統一籌備會「校改國音字典」（民十、商務發行），這部字典是國語統一籌備會審音委員會推選錢玄同、汪怡安、黎錦暉三人，就吳敬恆編的國音字典詳加校訂，寫成「修正國音字典之說明及字音校勘記」，作為「國音字典附錄」而成。

趙元任「國音新詩韻」（民十一、商務發行）。本書依照校改國音字典所注音編成，分五聲，一〇三韻，收三千幾百個熟字，附部首及古今韻對照。

黎錦熙「國語學講義」（民八、商務發行）。

「新著國語學概要」（民十一、商務發行）。

「新著國語文法」（民十三、商務發行）。用圖解法說明詞位與句式。

「新著國語教學法」（民十三、商務發行）。

「國語四千年來變化潮流圖」（民十五、中華教育改進社出版）。

王璞「國音京音對照表」（民十、商務發行）。

高元「國音學」（民十一、商務發行）。

胡以魯「國語學草創」（民十二、商務發行）。

汪怡「新著國語發音學」（民十三、商務發行）。包括發音機關、聲母、韻母、結合韻母、拼音、五聲、音變、音調，是今日國音教科書的藍本。

方毅「國音沿革」（民十三、商務發行）。是最早的一冊國語運動小史，述國音字母發生和經過。

劉復「中國文法通論」（北京大學講義，民九、上海羣益書社再版，是不落英文文法和馬氏文通窠臼的新書）。

胡適「胡適文存」（民十、亞東圖書館印行第一集，共四集；民四十二、台北遠東圖書公司重印）。

⑶**國語統一籌備委員會時期**：從民國十七年至二十四年，屬於成熟期。十七年六月，國民革命北伐成功，成立國民政府，遷都南京，北京改稱北平。這時，教育部改稱大學院。七月十二日，大學院電請錢玄同、黎錦熙爲「國語統一會」的籌備員，改組國語統一籌備會。錢、黎二氏提出計畫，如增修國音字典，編纂國語大辭典，在各都市設立國語專修學校，附設語音測驗所，廣印注音讀物，儘先公佈國語羅馬字等等。十二月十二日，改組完成，改稱「教育部國語統一籌備委員會」，聘蔡元培、吳稚暉、錢玄同、黎錦熙、陳懋治、汪怡、胡適、劉復、周作人、魏建功、白滌洲、趙元任、黎錦暉、錢稻孫、馬裕藻、蕭家霖、林語堂……等三十一人爲委員，以吳稚暉爲主席。在國語統一籌備委員會領導及國語教育促進會等社團協助之下，國語運動積極展開，工作重心大概有下列幾項：

a.公佈國語羅馬字：民國十七年九月二十六日，大學院將「國語羅馬字拼音法式」正式公佈，定「注音字母」爲第一式，「國語羅馬字」爲第二式，合稱爲「國音字母」，爲推行國音之用。並出版一些國語羅馬字讀物。

b.努力宣傳推行國音字母：民國十六年至十八年，國語教育促進會在上海舉辦國語的各種集會，如國語宣傳會、遊藝會、園遊會、汽車遊行會、討論會、演講會、讀物展覽會、成績展覽會、演說競賽會……，又組織國語宣傳團，遊行長江、閩、廣一帶，遠至南洋、日本各埠，大力從事「宣傳國語，鼓勵學習」的工作。另一方面，將全國畫分爲四大國語學區，先在第一學區設立國語模範學校，開辦星期國語科、國語暑期科、國音專科、高初級國語師範科、國語速記函授科、國語正音會、無線電話國語傳習會等；並和各地的教育行政機關，合辦國語流動學校，積極訓練學員，推行國語。這時政府也特別重視國語的推廣，如教育部於民國十八年九月三日，公佈了促進注音漢字推行辦法九條。十九年四月十九日，中國國民黨中央執行委員會常務會議，吳稚暉等建議將「注音字母」改稱「注音符號」。又印佈「推行注音符號辦法」三項，令各級黨部一律採行，傳習國音。同年七月二十三日，教育部頒佈「各省市縣推行注音符號辦法」二十五項，通令各地辦理。教育部設立「注音符號推行委員會」，通令各省教育廳、各特別市教育局、各縣市教育機構，組織「注音符號推行會」，以期從法令上能促使各方面各階層來傳播注音符號。這時教育部在國內外各地設立國語注音符號講習所二十五處，以期養成大批師資；定期向各方面大規模的傳佈，計國內二十處、日本一處、南洋四處，講義由國語教育促進會編印供應。七月二十八日，教育部開辦注音符號傳習會，函國民政府，中央黨部的各部會處，派員到中央大學教室，學注音符號。希望學會後同機關推廣。可說黨政教育機關都在全力推行注音符號。也可見國語運動，已引起各方面普遍的重視。

c.規定漢字注音：爲使學生民衆容易識字讀音，民國十八年，教育部公佈促進注音漢字推行的辦法中，規定民衆學校及國民學校的課本，採用注音漢字，並規定初小一年級上學期入學之後，先學注音符號，然後再學正文，這樣可以藉拼音的好處，幫助人認識國字。

d.提倡語體文與標準語：民國十八年，教育部所訂定的中學暫行國文課程標準，重點就在養成初中、高中的學生運用語體文敍說事理，表達情意的技能；要求初中生做到流暢，高中生做到周密雋妙。十九年，教育部通令全國中小學校勵行國語教育，初中除國文一科得用文言與語體外，其餘各科一律須用語體文編寫，加強白話文的傳習。

這時教育部明令中小學校一律以國語爲教學授課的用語。公佈「國音常用字彙」，爲傳習教學的標準；國音常用字彙，係依據現代北平語爲標準編成的。這時灌製「標準國音、國語留聲機片」，出版國語刊物，如附在世界日報的「國語週刊」（何容、白滌洲主編）、「注音符號民衆旬刊」（湖北教育廳編）、「注音白話報週刊」（河南教育廳編）、「注音小報」（青島市教育局編），都在幫助學生及民衆學習標準的國語。

e.添製方音字母，以調查方言：民國十六年，中央研究院成立歷史語言研究所，於是就展開了製訂方音符號及調查方言的工作，如民國二十年趙元任編「注音符號總表」，製定全國各重要方言區域的「閏音字母」，史語所集刊也刊載許多調查方言的專著。

f.草擬簡體字譜：民國二十三年，錢玄同提議蒐採固有而較適用的簡體字案。二十四年，教育部函聘汪怡安、黎錦熙草擬簡體字譜。

g.編纂大規模的辭典：民國十二年成立的國音字典增修委員會（國語詞典編纂處），因政局不寧，中經停滯。到民國十七年，改組爲中國大辭典編纂處，國民政府撥北平中海前總統府（居仁堂）西四所爲處址，由黎錦熙、錢玄同爲總編纂，下設蒐集（分字典、書報二組）、調查（分方言、語音、專名三組）、整理（分字母、部首、義類三組）、纂著（分音典、普通辭典、中外辭典、專科辭典、百科大辭書五組）、統計（分詞彙、圖表二組）。每組下又分若干股，網羅了最優秀的語文專家負責其事，如白滌洲主持整理部，魏建功、孫楷第分掌蒐集部。趙元任率領中央研究院歷史語言研究所人員，從事調查方言；劉復以北京大學語音實驗室研究語音。黎錦熙兼主中國大辭典股，錢玄同主持國音大辭典股，汪怡主持國音普通辭典股，劉復主持大學辭典股，劉穀主持中法辭典股，蕭家霖主持民衆辭典股……。統計工作，由廣州中山大學教育研究所協助進行。到民國十九年蒐集、整理二部告一段落，纂著部開始忙碌工作；但中國大辭典、國音普通辭典，都不是一時可以完書，於是決定重修民國二年「國音字典」，選用普通常用諸字，據北平音爲準，改編成「國音常用字彙」一書，於民國二十一年五月七日，由教育部正式公佈。其他辭典編纂工作，如汪怡「國語普通辭典」仍繼續進行。

h.鑄造注音漢字的銅模：民國二十三年十一月，國語統一籌備會因鑒於注音符號提倡以來，已經二十年了，雖然努力宣傳推行，爲效甚微，主因在於缺少大量的注音讀物，民衆與學生無從學習，以致使各種推行國語運動的法令成爲具文。過去排印注音的讀物，都是在漢字的旁邊，把注音符號一個個加排上去，編寫、排版、校對，都極爲費時，很不方便；書籍一加排注音，就要多付五倍的排印費用，這樣自然無法大量編印注音的讀物應世，小學及民衆學校所用的課本，仍是專用漢字編成，而不能採用注音符號。民國二十三年十一月，國語統一籌備委員會通過黎錦熙的提案，建議由國家撥一筆專款鑄造「注音漢字鉛字的銅模」，印行注音書報，使兒童民衆學會國音。二十四年三月五日，行政院撥款二萬元，交中華書局照國音常用字彙先鑄造三號字一種，在漢字旁附注音符號。打算以後再逐漸鑄二號、五號、四號字模，供應印刷商人購用仿造。四月教育部並因此公佈「漢字旁注之注音符號印刷體式」。六月十四日，又公佈「獨立用的注音符號印刷體式及辨法」。

這一時期有關國語的著作，今分敍如下：

教育部編「注音符號傳習小册」（民十九、中華書局發行）。首列注音符號，次拼音，再次課文。附教育部令。

國語統一籌備委員會「國音常用字彙」（民二一、商務發行）。本書由錢玄同主稿，白滌洲、蕭家霖合編，趙元任、汪怡參預校訂，以注音符號順序排列，同音字合編一目，收一萬二千二百十九字，除重文外實得九九二〇字。採新國音標準，取消尖聲，將「入聲」字分入四聲，爲今日的國音奠定基礎。

黎錦熙「比較文法」（民二二、北平著者書店印行），比較國語與文言句法。

黎錦熙「國語運動史綱」（民二三、商務發行）。

黎錦熙、白滌洲合編「注音字母無師自通」（民十八出版）。

「佩文新韻」（民二三、北平佩文齋印行）。本書原名「國音分韻常用字表」，從「ㄅㄚ」起到「ㄩㄥ」，收一萬二千二百二十多字，係根據「國音常用字彙」改編，每韻中分一ㄨㄩ各等呼，同音字爲一集團，以國語四聲分韻列表。

高本漢「中國語與中國文」（張世祿譯，民二十、商務發行）。討論中國語言起源、歷史、特性、結構、演進、修辭、文字影響等。

「中國語言學研究」（賀昌羣譯，民二三、商務發行）。

林語堂「語言學論叢」（民二二、開明書店出版）。前半爲語音史考證部分，後半綜論方言、譯音、國語羅馬字、國音新韻諸問題。

上海商務印書館編「三十五年之中國教育」（民二十發行）。內收有吳敬恆「三十五年來之音符運動」，黎錦熙「三十五年來之國語運動」二文。

羅常培「國音字母演進史」（民二三、商務發行）。

劉復「中國文法講話」（民二一、上海北新書局出版）。

(4)國語推行委員會時期：從民國二十四年至三十四年，屬於推行期。民國二十四年，經濟發生危機，中央政費緊縮，國語會的經費不再列入年度預算，教育部令國語統一籌備委員會裁撤。八月三日，另由教育部約聘專家，成立不支薪給的「國語推行委員會」，仍聘吳稚暉爲主任委員，錢玄同、黎錦熙、陳懋治、汪怡、魏建功爲常務委員，蔡元培、趙元任、林語堂、顧頡剛、胡適、蕭家霖、董淮等爲委員，繼續辦理統一國語，編輯國語辭典，調查方言，編製方言符號，輔導各地國語教育，整理國語的資料等工作。其主要成果，有：

a.二十四年八月二十一日，教育部公佈第一批簡體字三百二十四字。九月，教育部制定促進注音國字推行辦法，中規定兒童讀物、小學課本改用注音漢字印刷。十一月二十二日，山東省立民衆教育館和國語推行委員會，合辦新文字實驗區，由蕭家霖主持。

b.二十五年六月，教育部將「注音符號」列入師範、中等、職業學校的課程。師範生不熟習注語符號的不准畢業。中華書局承鑄的三號、四號兩套注音漢字鉛字銅模鑄好。商務印書館用電木另製一套注音漢字字模。從此解決編印注音讀物的部分困難，教育部因此規定「從民國二十五年七月起，凡新編的小學和民衆的課本及讀物，一律用注音漢字印刷」。

c.二十六年三月，「國語辭典」第一册（ㄅ至ㄊ）由商務印書館印出。

這年七月七日，發生蘆溝橋事變，日軍炮擊宛平，發動侵略。八月十三日進犯淞滬，引致我國長期的抗日戰爭。十一月二十日，政府遷都重慶，國語推行的工作自然停頓。二十九年，政府爲要建設大後方及邊疆地區加強識字教育，掃除文盲，教育部決定恢復國語推行委員會，並擴大其組織，聘著名的語文專家二十五人爲委員，仍以吳稚暉爲主任委員，負責其事，於是國語運動又形蓬勃，其重要成果有：

a.民國二十九年七月，在國語推行委員會下成立全國方言注音符號修訂委員會。十一月二日，教育部公佈國語講習課程暫行綱要，有①注音符號。②國音。③國語練習。④國語文法。⑤國語教學法。⑥國語運動史。⑦特別講習（語言學、發音學、中國聲韻沿革、方音調查研究法、中國文字形體變遷史、訓詁學、國語文學、近代語研究、白話文學），使國語課程比較具備了。教育部又訂定國語師資訓練班簡章十二條，以解決各師範學校國語師資。

b.三十年，國語推行委員會自己拼製老五號及新四號注音鉛字銅模各一副，供印刷讀物用。十月二日教育部公佈「中華新韻」。

c.三十二年三月十一日，將「國語羅馬字」，改稱「譯音符號」。舉行全國方言注音符號修訂會議，通過「全國注音符號總表」。由吳稚暉、黎錦熙等三十多人，在重慶發起成立中國語言文字學會。

d.三十三年五月，協助甘肅蘭州國立西北師範學院、四川白沙國立女子師範學院、四川壁山國立社會教育學院設置國語專修科。白沙女子師範學院科主任爲魏建功，壁山社會學院科主任爲何容。

e.三十四年六月九日，立法院正式通過教育部國語推行委員會組織條例：審議本國語言文字，編訂語文書籍，蒐集語文資料，實驗改進語文教學方法，訂定中外譯名音讀標準，訓練推行國語教育人員，視導語文教育的設計措施，設計邊疆語文教育及其他事項。十月，國語辭典八册全部由商務印書館印出。

日本於這年八月十日宣告無條件投降，十月二十五日台灣光復，國語於民國三十五年二月十一日，列爲聯合國正式語言之一。今將這一時期有關國語的著作，分列如下：

教育部國語推行委員會「中華新韻」（民三十、十、十、國民政府頒定，成都茹古書局承印，線裝木刻本）。由黎錦熙、盧前、魏建功三人準照國音編成，分十八韻：一麻（ㄚ）、二波（ㄛ）、三歌（ㄜ）、四皆（ㄝ）、五支（ㄓ）、六兒（ㄦ）、七齊（ㄧ）、八微（ㄟ）、九開（ㄞ）、十模（ㄨ）、十一魚（ㄩ）、十二侯（ㄡ）、十三豪（ㄠ）、十四寒（ㄢ）、十五痕（ㄣ）、十六唐（ㄤ）、十七庚（ㄥ）、十八東（ㄧㄨㄥ）。附有例說、注音符號、國音簡說。

教育部中國大辭典編纂處「國語辭典」（民三四、商務發行）。共八册，收古今白話詞十萬多條，釋義用白話文，以國音爲序，每一個詞均標出注音符號、譯音符號，標輕聲。末册爲檢字表及附錄。

王力「中國語文概論」（民二九、開明印行）。

「中國現代語法」（民三二、商務發行）。例子大部採紅樓夢。

「中國語法理論」（民三三、商務發行上册，三四發行下册）。

「中國語法綱要」（民三五、開明印行）。

羅常培「中國人與中國文」（民三四、開明印行）。本書爲羅氏對國文教學、國語運動新看法的雜文集。

黎錦熙編「漢音漢字」（民二五、商務發行），後改名「注音國字」。

高本漢「中國音韻學研究」（趙元任、羅常培、李方桂合譯，民二九、商務發行）。本書比較中國方言方音，分析古音韻，調查分析各地音系十分詳細，附方言字彙。

何容「中國文法論」（民三一、獨立出版社印行）。

呂叔湘「中國文法要略」（民三一、商務發行上卷，三三發行中卷）。

大陸國語推行的工作，自民國二年教育部召開讀音統一會開始，在蔡元培、張一麐、吳稚暉、胡適、黎錦熙、錢玄同……諸先生提倡之下，經過了三十四、五年努力，國語運動雖未完全成功，但已有相當的成效，奠定了國語運動的基礎，現在我們有推行國語的各種工具圖書教材教法，還有許多推行的法令條例辦法可以依據，無不是當時人努力的結果，至於像白話文學的成功，國語應用的範圍擴大，以及全國受過教育的人大都能講「普通國語」，這都是三十五年來先知先賢的心血的結晶。

一、國音與注音

㈠國音的審定與注音字母的產生

民國成立後，蔡元培先生任教育部總長，三月政府搬到北京，對改革漢字、統一國音的事很重視。元年八月七日，教育部主辦臨時教育會議，通過「採用注音字母案」。十二月因此設立「讀音統一會」

，聘吳稚暉（敬恆）到北京主持籌備工作，網羅各省精通音韻、小學、外文、方言的專家七十九人為會員，依省籍包括二十三省及華僑的代表在內，準備審議漢字的國音，分析音素，採定字母之事。民國二年二月十五日正式開會，到會的有四十四人，推舉吳稚暉為議長，王照為副議長。當時，他們審議的重點有二：

⑴審定國音：用什麼地方的方音，作為統一全國語言的標準？雖然清末中央教育會議已通過用北京音為統一國語的標準語；這時，仍有許多不同的意見，如浙江代表胡以魯（仰曾）主張用湖北語為國音，福建盧戇章主張用南京話為國音，也有主張恢復古韻的，也有主張用各地土語的，爭持不下。結果，審定國音就不得不採用取決多數的民主方式了，由大會依據清李光地的「音韻闡微」做藍本，就各韻中的同音字，採錄比較常用的，作為備審字類，先一夜印發給各省會員，以便分省商定應讀的字音，並用大會事先擬訂的「記音字母」，逐字標注讀音。第二天開會，各省的代表將已注好讀音的字單交出，一省一票，然後由記音員統計某字讀某一音的票數，得票最多的，就作為大會審定的國音。這樣經過一個多月，審音的工作才告完成，共計審定了六千五百多字的國音，附帶又審定了民間與科學界流行的新字六百多字。每一個字都注上聲紐、等呼、韻部；如「丁」字注「ㄉㄧㄥ端齊平青」就是。用這種方式審定國音，自然是佔全國最多數的藍青官話戰勝，因此這種由表決審定的國音，十之八、九同於北京音，可是也因此摻進了一些代表們的鄉音，揉合了各地方的腔調，這套國音收有北方的「捲舌音」，又收有南方的「入聲」，又加上少數地區獨有的「濁聲母」，與「尖團字」。如「角」字讀ㄐㄩㄛ、，「宣」字讀ㄙㄩㄢ，跟現在讀法不同。好像一個大拼盤，這是它的缺點，很少人能夠完全發得出來。這也是這套

「老國音」後來需要加以修訂的原因。

(2)採定字母：逐字審定了國音，進一步就是從國音中分析它的音素，商討採用哪一種字母作爲標示音素、拼切讀音的符號。當時，有關這類的提案很多，吳稚暉先生在「三十五年來之音符運動」一文中說，與會的代表提出的音符，「有西洋字母的、偏旁的、縮寫的、圖畫的，各種花樣都有，而且都具匠心，蓋無非個個想做倉頡」，不下二三十種，可以分做三派：

a.符號派：主張用新創符號作字母的，而提出自己過去所造的符號很多，有直隸馬子良（體乾），陝西李桐軒（良材），江蘇吳稚暉（敬恆）、王雲軒（隺）、邢瘦山（島）、胡雨人，浙江楊潔臣（麹），江西高瀚九（鯤南），福建盧雪樵（戇章），湖南陳文會（遂意），廣東鄭藻裳等人。

b.偏旁派：主張用漢字的偏旁，或簡單的漢字作字母的。如直隸王小航（照）的「官話合聲字母」，江蘇汪衮甫（榮寶）的「簡字」，浙江汪一厂（怡安）的「國語音標」，蔡子英（璋）的「音標簡字」等是。王照採「撲」字的偏旁「扌」作字母，相等今日的「ㄆ」音就是。

c.羅馬字派：主張用羅馬字作字母的，有江蘇楊煥芝（曾誥）。符號派中也有主張兼採羅馬字母而變通的，如邢島著「拼音字母」，大體依羅馬字母，另外增加十幾個自製符號。也有主張用羅馬字而兼採義符的，如直隸劉敬之（繼善）著「新華字」，採用二十六個羅馬字母，又加些字母爲聲調的是。大家各持己見，爭論不已，無法解決問題。這才依據浙江會員馬幼漁（裕藻）、朱逷先（希祖）、許季黻（壽裳）、錢稻孫及部員周樹人等建議，將大會中審定國音暫時用的「記音字母」略加修改，作爲「注音字母」。這套「記音字母」，主要是章太炎（炳麟）先生所創製的。章氏採用古文籀篆逕省之形，創製了三十六個紐文（就是聲母），二十二個韻文（就是韻母），原用於改良反切方法。馬、朱、許三氏都是太炎先生的學生。當時爲了遷就舊學者的心意，不敢大事改革漢字，認爲統一讀音可以先從改良反切入手，因此認爲「合於雙聲疊韻的簡筆字最爲適用」，所以這個建議經他們提出後，也就獲得通過了。當日製定的字母共有三十九個（其中有十五個完全採自章氏）：包括二十四個聲母，三個介母，十二個韻母。聲母可說是僧守溫三十六字母的縮小，字母次序也是依照三十六字母的舊序的；韻母則是依據康熙字典上所附的十二攝來的，而略依音理排列。這套注音字母是中國本位式的，主要是採用筆畫簡單的說文部首及一些古字構成，所以又稱做「簡筆漢字派」。現將當日採定的注音字母附錄如下：

二十四聲母：

ㄅ：「包」本字，與「幫」雙聲，用以代「幫母」及「並母」仄聲各字的聲母。

ㄆ：普末切，與「滂」雙聲，用以代表「滂母」及「並母」平聲各字的聲母。

ㄇ：「冪」本字，與「明」雙聲，用以代表「明」母各字的聲母。

ㄈ：府良切，與「非」雙聲，用以代表「非、敷、奉」三母各字的聲母。

ㄪ：同「萬」，與「微」雙聲，用以代表「微母」各字的聲母。

ㄉ：即「刀」字，與「端」雙聲，用以代表「端母」及「定母」仄聲各字的聲母。

ㄊ：同「突」，與「透」雙聲，用以代表「透母」及「定母」平聲各字的聲母。

ㄋ：即「乃」字，與「泥」雙聲，用以代表「泥母」各字及「娘母」一部分字的聲母。

ㄌ：即「力」字，與「來」雙聲，用以代表「來母」各字的聲母。

ㄍ：古「澮」字，與「見」雙聲，用以代表「見母」開合呼各字，及「羣母」仄聲字的聲母。

ㄎ：苦浩切，與「溪」雙聲，用以代表「溪母」開合呼各字，及「羣母」平聲字的聲母。

ㄫ：五忽切，與「疑」（舊國音讀ㄫㄧ）雙聲，用以代表「疑母」開合呼各字的聲母。

ㄏ：呼旰切，與「曉」雙聲，用以代表「曉、匣」二母開合呼各字的聲母。

ㄐ：「糾」本字，亦與「見」雙聲，用以代表「見母」齊撮呼各字，及「羣母」仄聲一部分字的聲母。

ㄑ：古「畎」字，亦與「溪」雙聲，用以代表「溪母」齊撮呼各字，及「羣母」平聲一部分字的聲母。

ㄬ：魚儉切，亦與「疑」雙聲，用以代表「疑母」齊撮呼各字，及「泥、娘」二母一部分字的聲母。

ㄒ：古「下」字，亦與「曉」雙聲，用以代表「曉、匣」齊撮呼各字的聲母。

ㄓ：「之」本字，與「照」雙聲，用以代表「知、照」二母，及「澄、牀」二母仄聲。

ㄔ：同「躅」，與「穿」雙聲，用以代表「徹、穿」二母，及「澄、牀」二母平聲字的聲母。

ㄕ：式之切，與「審」雙聲，用以代表「審、禪」二母各字的聲母。

ㄖ：卽「日」字，用以代表「日母」各字，及「娘母」一部分字的聲母。

ㄗ：古「節」字，與「精」（舊讀ㄗㄧㄥ）雙聲，用以代表「精母」各字，及「從母」一部分字的聲母。

ㄘ：即「七」字，與「清」（舊讀ㄘㄧㄥ）雙聲，用以代表「清母」各字，及「從母」平聲字的聲母。

ㄙ：古「私」字，與「心」（舊讀ㄙㄧㄣ）雙聲，用以代表「心、邪」二母各字的聲母。

三介母：

ㄧ：即「一」字，與「基、機」等叠韻，用以代表「支、微、齊韻」平、上、去三聲，和入聲「質、陌、錫、職、緝」等韻中齊齒呼各字的韻母；又凡齊齒呼的字，用以為介母。

ㄨ：古「五」字，與「初、疏」等疊韻，用以代表「魚、虞韻」平、上、去三聲，和入聲「屋、沃、質、物、月」各韻中合口呼各字的韻母；又凡合口呼的字，用以為介母。

ㄩ：丘魚切，與「魚、虞」等叠韻，用以代表「魚、虞韻」平、上、去三聲，和入聲「屋、沃、質、物、陌、錫、職」各韻中撮口呼各字的韻母；又凡撮口呼的字，用以爲介母。

十二韻母：

ㄚ：於加切，與「佳、麻」叠韻，用以代表「佳、麻韻」平、上、去三聲，和入聲「月、曷、黠、合、洽」各韻中一部分字的韻母。

ㄛ：古「呵」字，與「歌」叠韻，用以代表「歌韻」平、上、去三聲，和入聲「覺、質、月、曷、屑、藥、陌、職、合」各韻中一部分字的韻母。

ㄝ：即「也」字，與「遮、車」等叠韻，用以代表「麻韻」平、上、去三聲，和入聲「物、月、屑、葉」各韻中齊齒、撮口呼各字的韻母。

ㄞ：古「亥」字，與「乖、該」等疊韻，用以代表「佳韻」平、上、去三聲的合口呼，和「灰韻」一平、上、去三聲的開口呼各字的韻母。
ㄟ：「䔾」本字，與「龜、歸、圭」等叠韻，用以代表「支、微、齊、灰韻」平、上、去三聲各字的韻母。
ㄠ：於堯切，與「蕭、肴、豪」叠韻，用以代表「蕭、肴、豪韻」平、上、去三聲各字的韻母。
ㄡ：𠂔「又」字，與「尤」叠韻，用以代表「尤韻」平、上、去三聲各字的韻母。
ㄢ：乎感切，與「先、覃」等叠韻，用以代表「寒、删、先、覃、鹽、咸韻」平、上、去三聲的各字，和「元韻」平、上、去三聲一部分字的韻母。
ㄣ：古「隱」字，與「眞、文」等叠韻，用以代表「眞、文、侵韻」中平、上、去三聲各字，和「元韻」平、上、去三聲一部分字的韻母。
ㄤ：同「尪」，與「江、陽」叠韻，用以代表「江、陽韻」平、上、去三聲各字的韻母。
ㄥ：古「肱」字，與「東、庚」等叠韻，用以代表「東、冬、庚、青、蒸韻」平、上、去三聲各字的韻母。
ㄦ：同「人」字，本當爲「支韻」中「日紐」各字的韻母，但今音已不用之，因北平音於事物名稱下多用「兒」字爲語尾，因添此韻母。
而「陰平、陽平、上、去、入五聲」和「濁音」等符號，也隨着通過了。並且輯了一册「國音彙編草」交教育部存案。這套注音字母，在中國聲韻學的發展史上是一件大建樹，用符號拼切代替舊時用文字反切的方法，是很大的進步，使漸合科學的原理。對漢字的改革則由急進的「拼音」走上了緩進的「注音」的路子，製定注音字母在解決漢字的讀音問題，進一步使漢字的讀音有一個標準，以統一全國的語言。這是減少當時舊學者反對的一種權宜之計，對改革漢字的理想，可說成就不大，尚待後人努力。五月十三日讀音統一會並通過了推行國音的方法七條，由教育部公佈這套注音字母，飭各省、縣設立「國音字母傳習所」，灌製國音留聲片，初等小學「國文」改稱「國語」，教員國音（國語）授課，小學課本及政府通告於漢字旁添注國音等。讀音統一會開會一百天，長期會議到了五月二十二日終告閉會。

(二)注音字母的公布

由於當日政局動蕩，不久教育部總長、次長都換了人；讀音統一會通過的注音字母案也就被束之高閣，未曾公佈。民國四年一月，前讀音統一會會員王蘊山（璞）等二十五人，在北平組織讀音統一期成會。十一月，會員自己捐資創立「注音字母傳習所」。這時，張一麐任教育部長，自動月捐俸銀二百元做經費。次年，傳習所附設注音書報社，出版注音讀物，發行半月刊「官話注音字母報」，後改名「國語注音字母報」，漢字旁注國音，每期四十頁。十月，黎錦熙、陳懋治……等在北平組織「國語研究會」，推蔡元培爲會長，張一麐爲副會長。先是袁世凱稱帝失敗，卒於新華宮，恢復了共和政體；在教育部中工作的一些人士，有感當時國民教育不普及，知識水準不能配合國體，想在語文教育上作重要的改革，相約作文章，倡導「統一國語」與「言文一致」，並且促請教育部下令改「國文科」爲「國語科」；其中知名的有陳懋治、陸基、董瑞椿、吳興讓、朱文熊、彭清鵬、汪懋祖、黎錦熙等人。吳縣胡玉縉等起而反對。他們論戰的文字，大都刊在北京日報。於是各省來信贊成的共有二百餘起，就由各省派代表數人，組成了「國語研究會」。到民國七年，會員達一千五百多人。可見當日國內人士對國語運動的認識，教育界與文化界的明智人士都認爲必需統一國語，實現「語同音」的理想。這時，在杭州開的「第三次全國教育會聯合會」，通過敦請教育部將「注音字母」推行各省。於是教育部通令北京、武昌、瀋陽、南京、廣東、成都、陝西各所高等師範學校，附設「國語講習科」，培養各省教授國音與國語的師資。要想統一國語，當然要先從統一漢字的讀音入手；因此教育總長傅增湘在民國七年十一月二十三日以教育部令第七五號，將三十九個注音字母正式公佈了，作爲各省傳習、推行的標準。現將當日公佈的「注音字母表」附錄如下：

聲母二十四

ㄍ（見一）：古外切，與「澮」同，今讀若「格」，發音務促，下同。

ㄎ（溪一）：苦浩切，氣欲舒出，有所礙也，讀若「克」。

ㄫ（疑）：五忽切，兀高而上平也，讀若「愕」。

ㄐ（見二）：居尤切，延蔓也，讀若「基」。

ㄑ（溪二）：本姑泫切，今其泫切，古「畎」字，讀若「欺」。

ㄬ（娘）：魚儉切，因崖爲屋也，讀若「膩」。

ㄉ（端）：都勞切，即「刀」字，讀若「德」。

ㄊ（透）：他骨切，義同「突」，讀若「特」。

ㄋ（泥）：奴亥切，卽「乃」字，讀若「訥」。

ㄅ（幫）：布交切，義同「包」，讀若「薄」。

ㄆ（滂）：普木切，小擊也，讀若「潑」。

ㄇ（明）：莫狄切，覆也，讀若「墨」。

ㄈ（敷）府良切，受物之器，讀若「弗」。

ㄪ（微）：無販切，同「萬」，讀若「物」。

ㄗ（精）：子結切，古「節」字，讀若「資」。

ㄘ（清）：親吉切，卽「七」字，讀若「疵」。

ㄙ（心）：相姿切，古「私」字，讀若「私」。

ㄓ（照）：眞而切，卽「之」字，讀若「之」。

ㄔ（穿）：丑亦切，小步也，讀若「癡」。

ㄕ（審）：式之切，讀若「尸」。

ㄏ（曉一）：呼旰切，山側之可居者，讀若「黑」。

ㄒ（曉二）：胡雅切，古「下」字，讀若「希」。

ㄌ（來）：林直切，卽「力」字，讀若「勒」。

ㄖ（日）：人質切，讀若「入」。

介母三

一：於悉切，數之始也，讀若「衣」。
ㄨ：疑古切，古「五」字，讀若「烏」。
ㄩ：丘魚切，飯器也，讀若「迂」。

韻母十二

ㄚ：於加切，物之歧頭，讀若「阿」。
ㄛ：「呵」本字，讀若「痾」。
ㄝ：羊者切，即「也」字，讀若「也」
ㄟ：余之切，流也，讀若「危」。
ㄞ：古「亥」字，讀若「哀」。
ㄠ：於堯切，小也，讀若「傲平聲」。
ㄡ：于救切，讀若「謳」。
ㄢ：乎感切，嘾也，讀若「安」。
ㄤ：烏光切，跛曲脛也，讀若「昂」。
ㄣ：古「隱」字，讀若「恩」。
ㄥ：古「肱」字，讀若「哼」。
ㄦ：而鄰切，同「人」，讀若「兒」。
濁音符號：於字母右上角作「，」。

四聲點法：於字母四角作點，如左圖：

去　入
．　．
□
．　．
上　陽平

陰平無符號。

(三)注音字母的排列次序

民國八年四月十六日，教育部又公佈「注音字母音類次序」，表明發音先後的次序：

注音字母　附　說　明

聲母

ㄅㄆㄇㄈㄪ　(1)甲團，收聲於「歌韻」入聲者

脣音。ㄅㄆㄇ今稱兩脣音，ㄈㄪ今稱脣齒音。

ㄉㄊㄋㄌ　舌尖音及舌尖後之邊音。ㄌ爲邊聲。

ㄍㄎㄫㄏ　舌根音及舌根後之淺喉音。

(2)乙團：收聲於「支韻」者。

ㄐㄑㄬㄒ　舌前音。今稱舌面音。

ㄓㄔㄕㄖ　舌葉音及舌葉之邊音。今稱舌尖後音（翹舌）。

ㄗㄘㄙ　齒頭音。今稱舌尖前音（平舌）。

韻母

ㄧㄨㄩ　(1)介母

ㄚㄛㄜ　(2)獨母。今稱單韻母。

ㄞㄟㄠㄡ　(3)複母，蓋由「ㄚㄧ、ㄛㄧ、ㄚㄨ、ㄛㄨ」合成。今稱複韻母。民國七年公佈舊次「ㄟ」在「ㄞ」先，失「ㄚㄛ」相次之序，故改為「ㄞㄟㄠㄡ」。

ㄢㄣㄤㄥ　(4)附屬聲母之韻母，蓋由「ㄚㄋ、ㄛㄋ、ㄚㄫ、ㄛㄫ」合成，今稱聲隨韻母，民國七年舊次「ㄤ」在「ㄣ」先，亦違「ㄚㄛ」之例，故改為「ㄢㄣㄤㄥ」。

ㄦ　(5)東方特有之韻母。今稱捲舌韻母。

至於「結合韻母」二十二個，雖然沒有經過教育部明令公佈，但是一般的國音圖書、留聲機片，都是依照下列順序而排列的：

ㄧㄚ　ㄧㄛ　ㄧㄝ　ㄧㄞ　ㄧㄠ　ㄧㄡ　ㄧㄢ　ㄧㄣ　ㄧㄤ　ㄧㄥ

ㄨㄚ　ㄨㄛ　ㄨㄞ　ㄨㄟ　ㄨㄢ　ㄨㄣ　ㄨㄤ　ㄨㄥ

ㄩㄝ　ㄩㄢ　ㄩㄣ　ㄩㄥ

（四）注音字母的修訂

民國八年四月廿一日，教育部設立國語統一籌備會，專司國語教育統一讀音的事，集中了最著名的文字語言的學者黎錦熙、陳懋治、錢玄同、胡適、劉復、周作人、馬裕藻、趙元任、汪怡安、蔡元培、白鎮瀛、方毅、沈兼士、許地山、林語堂、王璞等一百十四人為會員，張一麐為會長，袁希濤、吳稚暉為副會長，使社會的國語運動，成了政府的教育措施了；對於推進國語運動，有很大的助益。在國語統一籌備會下設立了「閏音委員會」，研究方言問題；民國九年四月十二日，改為「審音委員會」，研討「注音字母」的缺點，於是有「ㄜ」母的增置，「ㄪ，ㄬ、ㄫ」三母的廢棄，「聲調符號」的變遷等等修訂的工作。

⑴ㄜ母的增置：當時傳習注音字母的，大都讀「ㄛ」母，兼有現在的「ㄜ」音，又誤讀「ㄝ」為「ㄧㄝ」。民國九年，汪怡安、錢玄同、馬裕藻等，提出「ㄛ、ㄝ兩韻母的讀法應行確定案」。五月廿二日開會時，多數的審音委員以為「ㄛ」母兼有國際音標「o」「ɤ」兩讀的不便，贊同分析。「o」是舌後部半升的元音，「ɤ(按即ə)」是舌央部半降的元音，發音部位本不相同，就是普通官話讀「勒」「厄」「陌」「黑」等字，未嘗和「落」「惡」「莫」「壑」等字相混；是則「質、月、陌、職、緝」諸韻中開口呼之字，不當用「ㄛ」母注音甚明，徒因民國二年讀音統一會漏製標ɤ音的韻母，對於「勒」「厄」「陌」「黑」等字，不得已也用「ㄛ」母。「ㄛ」母就兼有「o」、「ɤ」兩讀了。一母兩讀，當然不好；可是因為卅九個字母已經教育部頒定，不便增加，黎錦熙和原提案人汪怡安、錢玄同等，主張在「ㄛ」上加一圓點「·」成「·ㄛ」，專表「ɤ」音；於是議決「『ㄛ』母之音『o』，專用注『歌、哿、箇』及『覺、曷、藥、合』諸韻中字；若注『質、月、陌、職、緝』諸韻中開口呼之字，用『·ㄛ』母，其音為『ə』(按即ɤ)。」(按這裏所謂注某某之音，係指當時普通官話的國音，和現在的

北平音並不盡同）。這個議決案發表了，並未用部令特別公佈，傳習字母的人將「·ㄜ」置於「ㄛ」後，於是注音字母就成了四十個。「·ㄜ」在字母上加圓點寫起來很不方便，而且這個圓點又不免和「四聲點」相混，所以有人將圓點往下拉長，連着中筆寫，就成了「ㄜ」了。

(2)ㄪ、ㄬ、ㄫ三母的自然廢棄：「ㄪ」、「ㄬ」、「ㄫ」三母都是「蘇音」，北平音不用；所以民國九年，審音委員會審定「國音字典」時，把原注「ㄪ母」的各字，加注：「『ㄨ母』，『今讀』。」例如：「微」字原注「ㄪㄟ」，加注「ㄨㄟ，今讀」。有人建議把「ㄪ母併於ㄨ母」。在國音裏，用「ㄬ母」注音的字很少，用起來也沒有「ㄋ母」方便；民國十一年國語統一籌備會南通會員徐昂建議把「ㄬ母」併入「ㄋ母」；這案雖未通過，久之也就沒人用了。「ㄫ母」，雖然沒有人建議廢止，但將「我」讀作「ㄫㄛ」，實在不如讀「ㄨㄛ」自然，因此大家都讀「ㄨㄛ」，不讀「ㄫㄛ」；「ㄫ母」無形中也就名存實亡：到民國十七年，國語統一籌備委員會印佈「國音字母單張」時，在「ㄪ」、「ㄬ」、「ㄫ」三聲母的右上角，附加「★」星號，字母下邊用括弧注明（蘇音）二字，表示國音不用。後來「注音符號發音表」又去掉星號，在三母左右加括號，如（ㄪ）；或加方框，如ㄪ⃞。拼音時根本不用這三個聲母了。

(3)聲調符號的變遷：民國七年公佈的「注音字母表」中，聲調的符號是加小圓點在注音字母的四角上。例如：

·去　·入

陰平
無號

·上　·陽平

叫做「四角點聲法」，列有陰平、陽平、上、去、入五聲，這原是民國二年「讀音統一會」所定，在橫行連寫注音字母時，很不方便。而且在沒有入聲的北方人看來，實在很難發出。民國十年，黎錦暉主張用「北京調爲國語的聲調標準」，十一年教育部公佈「注音字母橫行書法體式」時，就用黎氏的意見，採用下列的調號加在韻母上，結合韻母加在最後的一個韻母上。

陰平　無號（重讀或延長時用一，今全不用。）

陽平　ˊ（如由作一ㄡˊ）

上　ˇ（如有作一ㄡˇ）

去　ˋ（如又作一ㄡˋ）

入　·

至於直行注音加注聲調的法式，到民國二十年國語統一籌備會重印「國音字母單張」時，才說明「記在末一音的右上角」，如角作ㄐ一ㄠˇ。聲調符號的標法，才告畫一了。

(五)京國之爭與修正國音

民國二年，讀音統一會審定了六千五百多字的國音；八年吳稚暉編國音字典，九年教育部修正國音字典，都是根據這套老國音。但是因爲當時的審定國音，是由各省代表會員逐字投票決定的，並不是指定北平音做標準，所以與現代的北平話語音不免有些出入，滲進了一些方音古音，如ㄪㄟ、ㄫㄛ、ㄬㄧ、ㄗㄧ、ㄗㄩ、ㄉㄛ、ㄓㄝ、ㄅㄨㄛ、ㄅㄨㄥ、ㄐㄧㄞ、ㄐㄧㄛ、ㄐㄩㄛ等拼音，都是現代的北平音系中所沒有的。當時審定的陰平、陽平、上、去、入五聲，也並沒指定以何處方音的聲調爲標準，同時北平等處，也沒有入聲。這些都是舊國音的缺點。這種雜有南腔北調的國音，要全國人民傳習，自然很困難。後來傳佈國語的人，有的依照國音，也有的用北京音，推行國語的人就分成「國音」與「京音」兩派，學生讀同一的課文，常有幾個字讀音不一致，引起家長的惶惑，因此產生了「京、國之爭」。

民國九年，南京高師(南京中央大學前身)英文科主任張士一，在「國語統一問題」中，主張以受過中等教育的北京人的語言，作爲國音的標準，請語言學專家重新分析北平話的語音，配製字母。八月，在上海開的第六屆全國教育會聯合會也響應張氏的主張，請教育部定北京音爲國音，並照此修正「國音字典」。這時王璞灌製「中華國音留聲機片」，陰陽上去四聲，全依北京的聲調，「入聲」比北京的「去聲」稍讀短一點，於是形成「國音京調」。十二年，國語統一籌備會開第五次大會，王璞也提出「國音字典」應重行修正案。於是設立了「國音辭典增修委員會」，推王璞、錢玄同、黎錦熙等廿七人爲委員。十五年逐字逐音加以討論，到十月底，全稿十二大册大致修正完成。十七年，中國大辭典編纂處成立，才改按注音符號的次序排列，編成七大册的「國語同音字典」的初稿，又依「常用字」的標準數加删改。廿一年，將這增修稿，改編爲「國音常用字彙」，由教育部公佈。由它的說明，知道這時已以現代的北平音為標準。凡現代的北平音系中沒有的音，如ㄪㄟ等全改從北平音，口語的詞兒及聲調全依北平音，出於舊籍或專門的詞類，則斟酌古今方俗，而定其音。北平音系的聲調沒有入聲，入聲字全分配於四聲中去。至此，國音的修正，大抵完成。修正的地方，可以從聲母、韻母、聲調三方面來看：

(1)聲母方面：

(a)ㄪ、ㄫ、ㄬ三母不再應用：如舊注「ㄪ」聲的改注「ㄨ」母，如微ㄪㄟˊ，改讀ㄨㄟˊ；舊注「ㄫ」聲的，如額ㄫㄜ，改讀ㄜ，去掉ㄫ母；原注「ㄬ」聲的，併入ㄋ母。

(b)ㄗ、ㄘ、ㄙ三母，不再和齊齒呼的「ㄧ」、撮口呼的「ㄩ」相拼，併入ㄐ、ㄑ、ㄒ三聲母去。如ㄗㄧ、ㄘㄧ、ㄙㄧ、ㄗㄩ、ㄘㄩ、ㄙㄩ等音，改為ㄐㄧ、ㄑㄧ、ㄒㄧ、ㄐㄩ、ㄑㄩ、ㄒㄩ。其結合韻也依此改動：如精ㄗㄧㄥ改讀ㄐㄧㄥ，清ㄘㄧㄥ改讀ㄑㄧㄥ，心ㄙㄧㄣ改讀ㄒㄧㄣ，宣ㄙㄩㄢ改讀ㄒㄩㄢ。

(c)ㄅ、ㄆ、ㄇ、ㄈ四聲母的用法，加以限制，除麼、嚜讀輕聲˙ㄇㄜ外，不能和ㄜ母相拼，凡舊拼「ㄜ」韻的，都歸入「ㄛ」韻，如ㄅㄜ、ㄆㄜ、ㄇㄜ、ㄈㄜ，歸入ㄅㄛ、ㄆㄛ、ㄇㄛ、ㄈㄛ。也不能和「ㄨ」的結合韻母相拼，如舊拼ㄨㄥ的，都歸入「ㄥ」去，如ㄅㄨㄥ、ㄆㄨㄥ、ㄇㄨㄥ、ㄈㄨㄥ，歸入ㄅㄥ、ㄆㄥ、ㄇㄥ、ㄈㄥ。

(2)韻母方面：

(a)ㄛ、ㄜ的界限分清：「ㄛ」韻開口呼，只拼「ㄅ、ㄆ、ㄇ、ㄈ」四聲母。「ㄛ」可以跟「ㄨ」韻結合，但不拼脣音ㄅ、ㄆ、ㄇ、ㄈ，如ㄅㄨㄛ、ㄆㄨㄛ、ㄇㄨㄛ、ㄈㄨㄛ。「ㄜ」韻開口呼，不拼「ㄅ、ㄆ、ㄇ、ㄈ」四聲母，不跟「ㄨ」韻結合。「ㄧㄛ」除感歎詞「唷」外，都改爲「ㄩㄝ」。

(b)ㄝ韻不開：將國音字典裏僅有的「ㄝ」韻開口呼「遮ㄓㄝ」、「車ㄔㄝ」、「奢ㄕㄝ」、「惹ㄖㄝ」四音，改從北平音注ㄓㄜ、ㄔㄜ、ㄕㄜ、ㄖㄜ。ㄝ韻從此沒有開口呼的讀音了。

(c)「ㄧㄞ」韻除讀書音裏的「厓、崖、睚」幾字讀「ㄧㄞˊ」外，其他如街ㄐㄧㄞ，鞋ㄒㄧㄞ等字的拼音，改從北平音注「ㄐㄧㄝ」「ㄒㄧㄝ」。因爲北平「ㄧㄞ」、「ㄧㄝ」兩韻，通讀成「ㄧㄝ」。

(3)聲調方面：北平音系的聲調只有陰、陽、上、去四聲，沒有入聲，將舊韻書中的入聲字，完全依北平語調，分配四聲裏去。其不用聲母的入聲字，大部份歸入去聲，如月ㄩㄝˋ、欲ㄩˋ、握ㄨㄛˋ、物ㄨˋ、襪ㄨㄚˋ、葉ㄧㄝˋ、軋ㄧㄚˋ、益ㄧˋ、惡ㄜˋ、阿ㄚ；有聲母的入聲字，其分配的條例大抵和聲母有關。現在就唐僧守溫三十六字母與注音字母配合，說明它的分配方式：

(a)幫、非、端、知、見、精、照七母——陽平
(b)滂、敷、透、徹、溪、清、穿七母——去
(c)並、奉、定、澄、羣、從、牀七母——陽平
(d)明、微、泥、娘、疑五母——去
(e)心、審、曉三母——去
(f)邪、禪、匣三母——陽平
(g)影、喻、來、日四母——去

北平人讀舊入聲字，大都合這個條例，但也有些例外的。此外還有一些歸入上聲的，如尺ㄔˇ、雪ㄒㄩㄝˇ；

這是因爲元代周德清中原音韻把a、b、c三組的字，都歸入上聲，現在還有一部份未變舊讀；各組中又都有些字讀陰平的，如薛ㄒㄩㄝ、吃ㄔ，這是近代語言的新趨勢。雖然將入聲字併於四聲，但加用λ號標明，以便諷誦前代的韻文，使和諧的音律不致因此消滅。

當時黎錦熙有一條國音變動歌訣，說：

「万兀广不用咯，
ㄗㄘㄙ無齊撮，
ㄛ無開齊ㄝ不開，
入聲分到四聲來。」

國音修正到此大致完成，成爲精密正確的國音了。

二、白話文學運動

提倡白話文學的運動，早在清末就已經濫觴。當時已經有許多人用白話文來辦報紙，如光緒三十二年（一九〇六），上海競業學會主編競業旬刊，爲鼓吹革命，使革命思想容易傳佈於中小學校，就決定用白話文辦報，第一期出版時，胡梓方作發刊辭說：

「今世號通人者，務爲艱深之文，陳過高之義，以爲士大夫勸，而獨不爲彼什佰千萬倍里巷鄉閭之子弟計，則是智益智，愚益愚。智日少，愚日多也；顧可爲治乎哉？」

胡適之（適）先生這時已開始在競業旬報上投稿，用白話文撰寫通俗的「地理學」，署名「期自勝生」。

中有一段闡說「地球是圓的」學理，這是胡先生第一篇白話文字，時年不滿十五歲。他第一部白話長篇章回小說「眞如島」，也在競業旬報第三期上陸續發表了出來。這時，已有不少白話報，如中國白話報、杭州白話報、安徽俗話報、寧波白話報、潮州白話報。到宣統間，范鴻仙等辦國民白話日報，李莘伯辦安徽白話報。胡適在光緒三十四年接編競業旬報，出到四十期停刊。胡適前後寫了數十篇白話文。他後來提倡白話文的思想，主要奠基於此時，他自己也說：

「我知道這一年多的訓練，給了我自己絕大的好處。白話文從此成了我的一種工具。七八年之後，這件工具使我能够在中國文學革命的運動裏做一個開路的工人。」（四十自述）。

到了民國四年，胡適和任鴻雋、梅光迪、楊杏佛、唐鉞等，在美國綺色佳時常討論白話與舊文學的問題。梅光迪比較守舊，時提反對的意見，使胡適更加細思自己的觀點，漸漸形成胡先生「中國文學必須經過一場革命」的思想了。「文學革命」的口號，也在這時揭櫫出來。

民國六年，「新文學運動」就像風颷的產生。當時由胡適、陳獨秀、錢玄同、劉半農、沈尹默等人在北京「新青年」雜誌，發動了這個運動；這個運動，正像歐洲的文藝復興運動一樣，一經發起，旋卽形成一股不可阻擋的狂瀾時潮，遍及全國。這年一月，胡適先生發表「文學改良芻議」，是中國新文學革命的第一次正式宣言，說：

「文學者隨時代而變遷者也。一時代有一時代之文學，……因時進化，不能自止。唐人不當作商、周之詩，宋人不當作相如、子雲之賦。卽令作之，亦必不工。……白話文學，……爲將來文學之利器。」

又說：

「文學雖有承先啓後之關係，絕不容完全抄襲；抄襲者決不成眞文學。古人造古人之文學，今人造今人之文學。」

胡氏要改革中國文學的思想，是根據文學發展的進化思想而來，見解極爲正確。文言文是過去的古典文學，在歷史上自有它輝煌燦爛的成就，有欣賞研究的價值，是歷代詩人作者遺留下來給我們的極豐富的財產；但是在今日科學突飛猛進的時代，人事日益複雜的社會裏，用古代語，文言文，無論如何已無法應付時代的需要，生活的需要，普及國民教育的需要，必須用現代語來表情達意，才能暢所欲言，明白清楚，溝通我們的情感思想。而且在文學的發展上說，也必須有新的文學的產生。這是文學歷史進化的必然的現象。當時，胡適先生在「文學改良芻議」中，他提出改良文學八件事：

「一曰須言之有物。二曰不摹倣。三曰須講求文法。四曰不作無病之呻吟。五曰務去爛調套語。六曰不用典。七曰不講對仗。八曰不避俗字俗語。」

他並強調文學需有高遠之思想，眞摯之情感。七年四月，胡適先生又發表「建設的文學革命論」，提倡「國語的文學，文學的國語」，並將八事修改爲有名的「八不主義」：

一、不做言之無物的文字。

二、不做無病呻吟的文字。

三、不用典。

四、不用套語爛調。

五、不重對偶。——文須廢駢，詩須廢律。
六、不做不合文法的文字。
七、不摹倣古人。
八、不避俗話俗字。

陳獨秀在「文學革命論」中，也提出三大主張：

一、推倒雕琢的、阿諛的貴族文學；建設平易的、抒情的國民文學。
二、推倒陳腐的、鋪張的古典文學；建設新鮮的、立誠的寫實文學。
三、推倒迂晦的、艱澀的山林文學；建設明瞭的、通俗的社會文學。

蔡元培先生也說：

「白話是用今人的話，來傳達今人的意思，是直接的；文言是用古人的話，來傳達今人的意思，是間接的。間接的傳達，寫的人和讀的人都要費一番翻譯的工夫，這是何苦來。」

現代人應用現代語言撰作文章，表達情思，溝通意見，這當然是很方便的，而打破了古今語言不同的隔閡；所以他們的言論爲時人所歡迎；所以一經蔡、胡等人鼓吹、提倡、創作，形成中國文學的一種革新運動。這時新青年雜誌自四卷一號開始全用白話撰寫了。這年冬天，陳獨秀另辦了一個白話刊物，叫做「每週評論」。八年一月，北京大學的學生傅斯年、羅家倫、汪敬熙出了一個白話的「新潮」月刊，提倡白話。胡適在北京大學講哲學課的講義，也改用白話文體裁了。於是國人翕然從風，大家開始用功練習作白話文，有的從唐、宋禪宗，有的從宋、明儒者語錄，有的從明、清白話小說，以及民國初年以來各種通俗的講演稿，爬搜佳作，以爲模範，努力學作白話文了。

第一次歐洲大戰時候，日本乘機壓迫中國承認二十一條款不平等條約，並強行承繼德國在我國山東的權益。後來德國戰敗，向協約國投降。民國八年（西元一九一九），協約國和德國在巴黎締訂和約。我國爲戰勝的協約國同盟之一。我國代表在巴黎和會中，提出山東問題，沒有結果。北京各大學學生三千多人，就在五月四日，發動遊行示威，向列強表示我國民抗爭不平等的公意。這個學生要求剷除不平等條約的愛國運動，後來發展成了要求一切革新圖強的新文化運動。胡適說：

「這一次中國文學的革命運動……是先要求語言、文字和文體的解放。新文學的語言是白話的，新文學的文體是自由的，是不拘格律的。初看起來，這都是『文的形式』一方面的問題，算不得重要。卻不知道形式和內容有密切的關係。形式上的束縛，使精神不能自由發展，使良好的內容不能充分表現。若想有一種新內容或新精神，不能不先打破那些束縛精神的枷鎖鐐銬。」（談新詩）。

因此可知白話文對思想的革命，文化的革新是一種極便利的工具，所以這時各地學生團體，出版無數小報雜誌，全用白話，發表言論，倡導革新，而一年之間，這種白話報刊的發行，竟達四百種左右，都呈空前未有的盛況。南北大報副刊，如北京晨報副刊，上海民國日報副刊覺悟、時事新報副刊學燈，都是白話文學的主要園地。於是乎白話文學就蓬勃發展風行於世了，新文化的思潮亦澎湃而不可阻遏。

這時，大學講舊文學的，以國學大師章太炎先生的學派爲主，取代了從前桐城派古文家的地位。章派中以劉師培先生爲首，其他如黃侃、馬敍倫等爲之聲援。劉、黃的學術，以研究音韻、說文、訓詁、考據、稽古爲主，作文章則重八代而輕唐宋。林琴南（紓）等目擊劉、黃諸後生之臯比坐擁，已不免有文藝衰微的感觸，這時又見白話文學如排山倒海的發展，更以爲禍延世間，直如洪水猛獸，所以首先在上海「新申報」，作文反對，並於三月十八日在北洋軍閥段祺瑞安福系的「公言報」上，發表致蔡孑民（元培）書，自稱爲「清室舉人」，說：

「晚清之末造，慨世者恆曰去科擧，停資格，廢八股，斬豚尾，復天足，逐滿人，撲專制，整軍備，則中國必強。今百凡皆遂矣，強又安在？」

由此數語反國民革命之語，可見此人受帝制臣僕遺毒的影響之深，所以有這種遺老頑舊的思想。他抨擊有關「白話」問題的地方，如說：

「若盡廢古書，行用土語爲文字，則都下引車賣漿之徒，所操之語，按之皆有文法，……據此則凡京津之稗販，均可用爲教授矣。」

用現代話寫作文字，又何關於「廢古書」？現在大中學校的學生不是還在研讀舊文學嗎？再看今日國語日報的「古今文選」用注音符號標注舊文章，用白話註譯舊文章，使人人能夠理解舊文學，能讀正確的國音。白話文學的風行，只有使古典文學更加發揚光大了！從我們的六十年代看來，當日的林紓先生眞有杞人的無事憂。當日蔡元培先生就作書答林琴南，中有關白話文的，大意說：

一、請先察北京大學是否已盡廢古文而專用白話，國文之課本，皆古文也，本科中國文學史、古代文學、中古文學、近古文學……皆文言文也。

二、大學教員所編講義固皆文言，上講壇後決不能以背誦講義塞責，必有賴白話之講演。吾輩少時讀四書集注，十三經注疏，使塾師不以白話講演之，而爲文言以相授，吾輩豈能解乎？若謂白話不足以講說文，講古籀，講鐘鼎之文，……必不容以白話講演之歟？

三、考察大學教員提倡白話之文字，是否與引車賣漿所操之語相等。白話與文言形式不同而已，內容一也。天演論、法意、原富等，原皆白話也，而嚴幼陵君譯爲文言。小仲馬、迭更司、哈葛德等所著小說，皆白話也，而公譯爲文言。公能謂公及嚴君之所譯，高出於原本乎？若（文言）內容淺薄……儘有不值一讀者，能勝於白話乎？且不特引車賣漿之徒而已；清代目不識丁之宗室，其能說漂亮之京話，與紅樓夢中相捋。其言果有價值歟？熟讀水滸、紅樓夢之小說，能於讀水滸傳、紅樓夢等書以外，爲科學哲學之講演乎？」

這三點說明新文學運動，並不影響學生對舊文學的研讀；過去塾師講經書及舊文學早已運用白話講演，才能使學生理解；文字的高低，主要在於內容，不在於文言與白話，白話與文言只不過是用來表達內容的兩種工具罷了。假使內容淺薄，就是用文言文來寫，也有不值一讀；又如能說漂亮京話的淸宗室，假使沒有讀書，語言未必有價值；用來反駁林紓以「引車賣漿之徒土話」比擬白話文學見解的錯誤。也可見林紓先生的意見，實在站不住。這時是北洋軍閥段祺瑞內閣臨時執政時期，由於當日青年發起五四運動，運用白話文批評時事，倡導新文化，北洋派官僚甚至想藉政治的力量來禁止白話文的發展，六月十二日以違警名義拘押了陳獨秀，北京大學校長蔡元培格於形勢，自動出走，「每週評論」也在八月底停刊了。由此也可見當日鬥爭的激烈，保守勢力的凶惡；但是由於大勢的所趨，時代的需要，這種阻礙進步的力量，只是浩浩的海洋中一現的微沫，白話文學逐漸在各地傳佈開來。民國九年，大雜誌如東方雜誌、小說月報，也都漸漸白話化。黨國元老吳稚暉，詩人徐志摩，作家郁達夫、周作人等都撰文倡導白話文學，學者錢玄同、黎錦熙更出版「國語週刊」鼓吹國語運動，白話文學遂成了不可阻擋的一股時潮了。教育部也在這年一月二十四日通令全國國民學校把一二年級的國文，改爲「國語」，改用語體文，以期收「言文一致」之效。民國十年以後，各國的文學作品與思想，也憑藉白話文的譯介，大量輸入國內。國人的白話文學的作品也日多一日，由於作者創作的方向不同，標榜的路子不同，紛紛結會組社，並且各自發表文藝的的理論，漸漸形成許多不同的白話文學的派別。於是有蔣百里、周作人、許地山、朱希祖、王統照、葉紹鈞……的文學研究會，翻譯北歐、法、俄各國的名著，介紹托爾斯泰、易卜生、莫泊桑等人的作品，提倡「爲人生而藝術」，揭舉「寫實主義」，以爲文學是反映社會、表現人生，所以作品的內容應該選取有意義的現實社會與人生爲題材，要表現作者的理想，全人類共有的情感，態度要忠實，要嚴肅，不作罵人媚人發牢騷的假文學，希望能够藉文學作品使社會進步，造成新的社會，新的人生。有張資平、郁達夫、王獨淸……的創造社，高倡「爲藝術而藝術」，「唯美文學」，傾向「浪漫主義」，強調發揮天才，著重創作，以爲文學家應全力製作純粹優美的藝術品，不必顧及人世種種問題，反對文藝成爲說教宣傳的工具，產生了許多自敍卽興的作品，反映的多是作者個人的際遇。到了民國十四年五卅慘案發生，英巡捕在上海公共租界槍擊學生，死傷多人，他們才從象牙塔中出來。有錢玄同、劉半農、周豫才、俞平伯、馮文炳、周作人……之語絲社，傾向於「自由主義」，社員的寫作路子並不一致，有的談風月，有的談考古，也有談國家大事的。有徐志摩、胡適、梁實秋之新月社，以爲從人心深處流出來的情思，才是好的文學，寫作需忠於人性；在詩歌方面，他們認爲需講究韻律與格式美，而倡「藝術至上論」，文學是天才者的產物。至於上海有留學英美的紳士派，以爲文學是供紳士淑女消遣的，專寫綺麗頑艷、紅男綠女，產生「海派」「鴛鴦蝴蝶派」的作品，視文學爲遊戲人生的小技，消遣時日的茶酒罷了。還有王平陵、胡秋原、朱應鵬、邵洵美、沙雁之民族主義派，以爲文藝最高的使命，在發揮民族精神，加強民族意識，培養國人的愛國家、愛民族的正確思想……。還有夏丏尊等人之中國語文教育會，以研究語文，提高教育爲宗旨，而從事文學的創作與翻譯工作。此外，如林語堂、朱自清、朱湘、戴望舒、謝冰瑩、蘇雪林……亦當日享譽文壇的作家與詩人。由於白話文學作家的衆多，無論散文、新詩、小說、戲劇都有長足的發展，作品如珠聯璧合，疊連蜂起，而盛極一時，遂使白話文學成爲現代的主流文學，也奠定了白話文學在中國文學史上的地位。胡適先生說的「國語的文學，文學的國語」，已經在今日漸漸發出繁花和濃葉來了。

〔註〕陳獨秀在民國八年五四運動時，還不是共產黨。至民國十年，陳氏加入共產黨，「新青年」雜誌遷移廣州出版，變爲共產黨的宣傳刊物。自此，陳氏與胡適先生分手，胡仍領導白話運動、文化革命，並創辦「讀書雜誌」「努力週報」，繼續他新文化運動，提倡科學與民主。（六十年五月新時代第十一卷五期黃金鰲五四運動與新文化運動）。

三、國語羅馬字

中國的語言是世界上最進步的一種語言，以北平音爲標準的國語，只有411音，再分四聲也不過1428音，學來很容易；但是記這些音的文字，「國音常用字彙」收的就有 12,219 字，至康熙字典收的則多達49,000字以上；一字一形，要每一個字都會寫會讀，就是窮一生的精力，也未必能做到。小孩子讀書大部份的時間，都用在認字、寫字；但是寫起文章仍常常覺得辭少不能達意。意標文字當然也不便於普遍用打字機，用電動鉛字排字了。漢字的繁難，很早就引起國人的注意了。

清末，愛國的人士早就主張用拼音文字改革國字。如福建盧戇章先生看見傳教士用羅馬字母刊行聖經，傳佈福音很便利；於是他也利用羅馬字母作改革漢字的切音新字。民國元年，教育界認爲「文字應該適用於一般人民」。二年，教育部讀音統一會開會時，江蘇代表楊曾誥提議採用「羅馬字母」。不過這時羅馬字派勢力很薄弱，這個案子未得通過。但中國文字需要改革，需要用音標文字取代意標文字的理想，已漸漸在人心中萌芽，成爲開明的學者努力的方向。如民國五年趙元任先生在「留美學生月報」上發表「中國語言問題」，提出漢字應改用羅馬字母拼音的意見。五四運動前後，許多學者對羅馬字的問題曾經熱烈討論，表示意見。胡適先生認爲白話文多用複音詞，如蠶絲、思想、老師之類，用羅馬字連寫一起，不會有辨認的困難(見答朱經農書)。朱經農先生因見廈門、汕頭、台灣等處教會發行的Romenized Chinese效率很大，他贊成漢語改用羅馬字拼音。他並且說：「各省語音不同，可勿慮及；若有標準拼法，俟其讀法通行，非特不至有礙，且可統一中國之語音。」傅斯年先生在「漢語改用拼音文字的初步談」中，也主張用羅馬字母，以藍青官話爲標準，以詞爲結構的單位。十一年，國語月刊出漢字改革號，蔡元培、趙元任、黎錦熙諸人對羅馬字拼音問題，都有極透澈的論文。李中昊輯「文字歷史觀與革命論」(民二十、北平文化學社印行)，所蒐集的有關討論改革漢字重要的文章，還有吳稚暉「補救中國文字之方法若何」，蔡元培「漢字改革說」，黎錦熙「漢字革命軍前進的一條大路」，趙元任「反對羅馬字的十大疑問」，彭學沛「廢止中國字，用拼音文字」，林玉堂「國語羅馬字拼音與科學方法」，錢玄同「爲什麼要提倡國語羅馬字」，林子勁「中國新文字問題」，魏建功「從中國文字的趨勢上論漢字應該廢除」，胡仲英「漢字改革的歷史觀」。可見當時這些著名的學者，爲着提高將來教育的效能，大都想在漢字以外，另製一套以「羅馬字母爲音標」的拼音文字，使我國的文字成爲極簡便的一種工具。

在中外交通日密的時代，稅關、郵政、公文、報章上有關人名、地名，常經西譯，過去留華西人競自規定拼音方式。如駐華英使威妥瑪（T.F. Wade）製定的就有威氏式（Wade's System）；郵電用的就有郵政式（Postal System）。我國方音，隨地而異，如據廣東音，香港拼成Hong Kong（讀若烘共）；周姓，拼作Chow（讀若糙）或Tseu（讀若邱）。西文著述，專名、術語亦多音譯，關係更重要，却沒有統一的標準，一名數譯，莫衷一是。

二十六個羅馬字母早已成爲世界通用的字母，便於看、寫、打字、排印，英、法、意等國的文字都是用羅馬字母構成。我國的語文學者，認爲也可以採用羅馬字母，作爲國音字母的第二式，根據國音來拼音，當做中國的一種新文字，作爲我們學發音、寫方言、譯外來語、人名、地名的工具。

民國十一年，趙元任開始研究國語羅馬字。他提出二十五個原則；其中比較重要的觀念，這套字母僅限於二十六個羅馬字母，不另增加符號，一個字母可以有兩種（或幾種）讀法，詞類連寫，聲調也用羅馬字表現，成爲字形的一部份，而擬製了一套羅馬字式。十二年九月，趙氏對自己撰定的羅馬拼音字重加釐訂。這時，國語統一籌備會開第五次大會，錢玄同、黎錦暉、中華敎育改進社、葉谷盧分別提議組織「國語羅馬字委員會」，審定國語羅馬字母的拼音法式。於是國語統一籌備會就着手組織「國語羅馬字拼音研究委員會」，推錢玄同、黎錦熙、趙元任、周辨明、林玉堂、劉復、汪怡安等七人爲委員。

十四年九月二十六日，劉復發起數人會，約集在北平的委員趙元任、汪怡安、錢玄同、黎錦熙等，從事國語羅馬字的擬議。經過一年的研究，開會二十二次，稿凡九易，擬定了草案。民國十五年九月，由數人會提國語統一籌備會，召集國語羅馬字拼音研究委員會議決通過，函請教育部公佈。當時教育部總長任可澄不肯畫行。十一月九日，統一會就自行公佈，並印成「國語羅馬字拼音法式」一小册。錢玄同、黎錦熙、蕭家霖、李鎭惡、尹彤墀，並繼續作文章鼓吹國語羅馬字運動。

民國十七年，蔡元培爲大學院（卽教育部）院長，九月二十六日就正式明令公佈「國語羅馬字拼音法式」，定國語羅馬字拼音法式，和注音字母兩兩對照，作爲推行國音之用，並規定此後增修國音字典，應依校訂的國語標準音拼成羅馬字，添記在注音字母的後面，所以後來出版的「國音常用字彙」，「國語辭典」等書，都添加國語羅馬字。規定教育、交通、工商各界遇到需用羅馬字時，就拿這種拼音法式做標準，以昭劃一。原有的四十個注音符號，叫做「國音字母第一式」。這套羅馬字母，叫做「國音字母第二式」。當時公佈的「國語羅馬字拼音法式」，也就是民國十五年所制定：

（一）聲母

B（ㄅ伯）	P（ㄆ潑）	M（ㄇ莫）	F（ㄈ佛）	V*（ㄪ）
D（ㄉ德）	T（ㄊ特）	N（ㄋ訥）		L（ㄌ肋）
G（ㄍ格）	K（ㄎ客）	NG*（ㄫ）	H（ㄏ赫）	
J(i)（ㄐ基）	CH(i)（ㄑ欺）	GN*（ㄬ）	SH(i)（ㄒ希）	

J（ㄓ知）	CH（ㄔ吃）		SH（ㄕ詩）	R（ㄖ日）
TZ（ㄗ資）	TS（ㄘ雌）		S（ㄙ思）	
Y（ㄧ衣）	W（ㄨ烏）	(U)Y（ㄩ迂）		

(二)韻母（基本形式）

(Y)（ㄖ，ㄙ、）	I（ㄧ衣）	U（ㄨ烏）	IU（ㄩ迂）
A（ㄚ啊）	IY（ㄧㄚ鴉）	UA（ㄨㄚ蛙）	
O（ㄛ喔）	IO*（ㄧㄛ唷）	UO（ㄨㄛ窩）	
E（ㄜ婀）			
E*（ㄝ誒）	IE（ㄧㄝ耶）		IUE（ㄩㄝ曰）
AI（ㄞ哀）	IAI*（ㄧㄞ崖）	UAI（ㄨㄞ歪）	
EI（ㄟ欸）		UEI（ㄨㄟ威）	
AU（ㄠ熬）	IAU（ㄧㄠ腰）		
OU（ㄡ歐）	IOU（ㄧㄡ幽）		
AN（ㄢ安）	IAN（ㄧㄢ烟）	UAN（ㄨㄢ灣）	IUAN（ㄩㄢ淵）

EN（ㄣ恩）	IN（ㄧㄣ因）	UEN（ㄨㄣ溫）	IUN（ㄩㄣ氳）
ANG（ㄤ昂）	IANG（ㄧㄤ央）	UANG（ㄨㄤ汪）	
ENG（ㄥ鞥）	ING（ㄧㄥ英）	UENG（ㄨㄥ翁）	
ONG（ㄧㄨㄥ）	IONG（ㄩㄥ雍）		
EL（ㄦ兒）			

〔注一〕表有＊號者係今音不用或罕用之音。

〔注二〕聲母ㄐ、ㄑ、ㄒ僅有齊撮，ㄓ、ㄔ、ㄕ只有開合，故可同用 j、ch、sh 三母而不混，以避字形過於繁細。

〔注三〕ㄧㄨㄩ本兼聲韻，故國語羅馬字亦以 y、w、y(u) 列聲母下。在上去齊撮韻字前無聲母時須將第一字母改為 y 或w，如-iee、-uay獨用時作 yee 也、way外。但如改後形與他韻混或全無元音時，則在第一字母前加 y 或w，如-eu、-uh 獨用時作yeu雨、wuh霧（不作yu、wh）。

〔注四〕注音字母對於「知、痴、詩、日、茲、疵、私」等未製韻母，今以 y 表之。

〔注五〕「東、送」與「翁、甕」等不同韻，故ㄨㄥ分為開口ong與合口ueng兩韻。ㄩㄥ韻音近齊齒，故亦歸第二排。

(三)聲調

陰平：(1)用基本形式，如hua花、shan山。本式包括輕聲字及助詞，如de的、ma嗎。

(2)聲母為m、n、l、r者加h，如mhau貓、nhie捏、lha拉、rheng扔。

陽平：⑶開口韻在元音後加r，如char茶、pair排、shern神、parng旁。

⑷韻母第一字母爲 i、u者改爲 y、w，如 chyn 琴、hwang黃、yuan 元；但 i、u 兩韻母爲全韻時改爲yi、wu，如pyi皮、hwu胡、wu吳。

⑸聲母爲m、n、l、r者用基本形式，如min民、neng能、ren人、lian連。

上聲：⑹單元音者雙寫，如chii起、faan反、eel耳。

⑺複韻母首末字爲i、u者改爲e、o，如jea假、goan管、sheu許、hae海、hao好，但既改頭則不再改尾，如neau鳥、goai拐。

⑻ei、ou、ie、uo四韻，主要元音雙寫，如meei美、koou口、jiee解、guoo果。

去聲：⑼韻尾爲 -i、-u、-n、-ng、-l者，各改爲 -y、-w、-nn、-nq、-ll，如 tzay 在、yaw 要、bann半、jenq正、ell二。無韻尾者加 h，如chih器。

〔附記〕

1.國音不用入聲，如有表示入聲之必要時可用-q爲韻尾，如tieq鐵、luoq洛。

2.羅馬字母之v、x二母，拼國音時不用，惟重字可用 x 代之，如 pianpian（偏偏）可作 pianx，隔一字重者，可用 v 代之，如 kann i kann（看一看）可寫作 kann i v，重二字者可作 vx，例如 feyshin feyshin（費心費心）可作feyshin vx。

3.國音捲舌韻，其拼法原則如下：

⑴韻尾之 i、n 音省去，例如「孩兒」（hair-erl）作 harl，「扇兒」（shann-erl）作 shall，「

味兒」（wey-erl）作well。

(2)（y）、i、iu 三韻加 el，其餘加 l，如「絲兒」（sy-erl）作 sel，「今兒」（jin-erl）作 jiel，「魚兒」（yu-erl）作yuel，「桃兒」（taur-erl）作taurl，「後兒」（how-erl）作howl。

(3)ing韻作iengl，如「星兒」（shing-erl）作shiengl。

按本法式卽國語統一籌備會所公布者，惟其間有節略或改易。

三十二年三月十一日，國語推行委員會議決國語羅馬字改稱「譯音符號」，並改 ch(i)ㄑ、chㄔ、tzㄗ、iuㄩ四母爲 c(i)ㄑ、cㄔ、zㄗ、üㄩ。關於國語羅馬字母的推行，黎錦熙出版了羅馬字國語模範讀本首册，並計劃用國語羅馬字編選現代創作，翻譯文學、近古白話、文言詩文，以及四千年來重要的文學作品，上古重要的典籍，除載漢字原文，譯加注釋外，更兼載古金石甲骨諸體，目的在使國語羅馬字有大量讀物，以利推行。可惜這個偉大的計劃與理想並未實現。雖然有蕭家霖主編的國語羅馬字週刊(民國十八年九月附在北平日報發行)，趙元任編國語羅馬字常用字表（民十九年六月北平文化學社印），在北平成立國語羅馬字促進會，開辦暑期講習會(民十九年七月），齊鐵恨著國語羅馬字（民二十年商務出版），國語羅馬字促進會又編「G.R週刊」（民二一年六月，在北平出版），爲純粹國語羅馬字的刊物。蕭家霖編國語羅馬字入門（民二一年八月北平國語羅馬字促進會發行），這時天津、濟南也設立國語羅馬字促進會分會，開辦國語羅馬字講習班。濟南分會並編印民衆週刊，民衆教育月刊，由王茀青、王玉川、蕭家霖、孔凡均等主持。教育部再令國內外各學校學生的譯名，一律以「國音常用字彙」中法定的國語羅馬字拼法爲準，以期一致（民二二年）。趙元任「新國語留聲機片」出版，甲種爲注音符號本，乙種爲國語羅馬字本（民二三年）。

我國這些著名的語文學者專家，對國語羅馬字推廣運動，做了許多工作；可是到三十二年，國語羅馬字終更名爲「譯音符號」，將它的功用侷限於「譯音」，非作我國在漢字外的一種「新文字」；這和原來制訂國語羅馬字的理想可說相違；這個傑出的理想未能實現，蓋緣於我國的文字已有數千年的悠久歷史，漢字雖然非常繁難拙笨，但是由這套文字寫成的書籍，保存的文獻，代表的文化，非常深厚豐富；如果不能將歷代的典籍大量改寫成新文字；這新文字自是無根的種子，又怎能發芽、長葉、開花、結果？黎錦熙氏的大量用國語羅馬字改編我國各種舊有的典籍文學作品的計劃未曾實現，是國語羅馬字未能傳播的一個最大原因。孔子說：「非天子不議禮、不制度、不考文。」政府當局未全力支持文字改革，這也是國語羅馬字未能通行的一因素。還有人類對自己習用文字的感情，也是不易克服的一種阻礙。這都有待我們後代子孫去努力、去完成了。

四、方音符號的制訂與方言的研究

我國方言與方音的研究，自清末就已經開始，如盧戇章在光緒十八年（一八九二）創製切音新字，用拼廈門、漳州、泉州等腔。力捷三的閩腔快字，用記福州方音，王炳耀拼音字譜，雖說統十八省的語言，仍以粵東音韻爲主，他省據此增減。王照的官話合聲字母，在北平音未爲國語的標準時，也仍然是一種方言。勞乃宣著簡字全譜，其中包括「京音」、「寧音」、「閩音」、「廣音」四譜。民國八年，勞氏取簡字四譜裏專拼方音諸母韻，爲注音字母所無者，增作「閏音」（方音）。可見近世國人對於方音的問題，早已經注意，加以研究。蓋我國是一個方言複雜的國家，要想統一國語，推行國語，都要從研究方言、比較方言入手。用國音、方音比照着來學習國語，這是很早就已應用的方法。就拿台灣光復之後，因受日語的影響，日語和國語毫無關係，台胞要恢復祖國的語言，實在不易，於是在台灣推行國語的人，就先採用恢復台灣話，由台灣話再來學習國語。因爲台灣話是我國方言之一，方言和國語是同系的語言，語法大致相同，詞彙大同小異，語音雖有差別，仍有痕跡可尋，容易比較對照着來糾正。譬如台灣、福建等處，ㄋㄌ、ㄈㄏ、ㄢㄤ、ㄣㄥ往往相混，不能分清，而且沒有ㄓ、ㄔ、ㄕ這些翹舌音，容易將這些翹舌音唸成平舌的ㄗ、ㄘ、ㄙ。能够知道這些差異，學習糾正起來，自然容易多了。因此可知方言研究的需要。調查方言也是推行國語運動的準備的工作。

民國八年，教育部國語統一籌備會設立「閏音委員會」，調查各地方音，添製「閏音字母」（現稱方音符號）。九年改爲「審音委員會」。有關方言的調查與研究，方言文學的蒐集與整理，都慢慢地進行。如民國十一年至十四年間，北京大學研究所國學門出版「歌謠週刋」，前後共九十七期，蒐集研究各地的民歌俗謠。十四、五年顧頡剛編「吳歌甲集」，專蒐集吳地歌謠。二十二年李家瑞編北平俗曲略（史語所印行），收集說書、戲劇、雜曲、徒歌等六十二類：就是這類整理方言文學的業績。北京大學中組織方言調查會。實際活動開始於民國十六年十月，中央研究院成立歷史語言研究所；我國從此有了一所專門研究語言的學術機構，用科學方法研究方言，趙元任製作了方言調查表，於是有系統的分析語言、比較音韻，研究詞彙語法等等。於是在史語所的集刋、甲刋上，刋載了許多研究方言的專著，也造就了許多聞名國際的語言學者，像趙元任、羅常培、李方桂、董同龢、楊時逢等是。（他們的著作，請參看下文）。

民國二十一年（一九三二）四月，教育部國語統一籌備會印行趙元任編「注音符號總表」，注以國際音標，附有南京、蘇州、無錫、常州、廣州等地「閏音符號分表」，並列舉全國各重要方言區數十種方音之例字，制定了我國各重要方言區域的「閏音字母」，另附一張「閏音符號總表」：

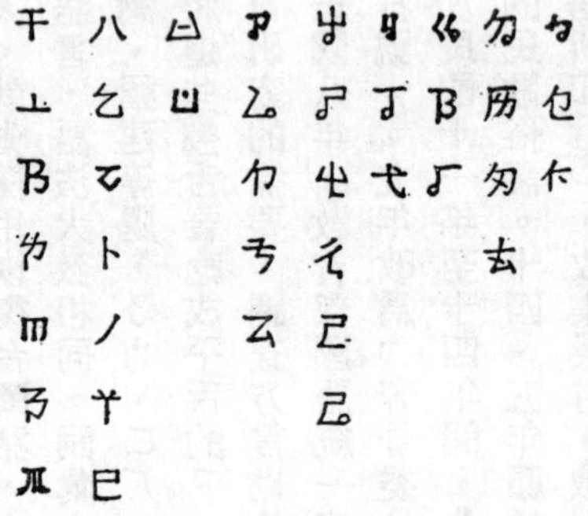

這種方音符號，用來標各地特有的方音，供調查方言、分析音韻，並作各地民衆教育拼切土話的工具。

抗戰期間，政府立重慶爲陪都，邊區國語文教育漸被重視，各方向教育部探詢方言符號的很多。民國二十九年，國語推行委員會乃成立「全國方音注音符號修訂委員會」，由教育部聘黎錦熙、魏建功、趙元任、林語堂、李方桂、羅常培、王力等人爲專門委員。三十年，先由黎錦熙參照趙元任「注音符號總表」，擬定「全國方音符號總表草案」一册，當時黎氏添製方音符號，主要係就國音的注音符號，加以變化。其條例有五：

(1)就注音符號添加記號：如濁音聲母的「ㄅ[b]」，於字母「ㄅ」的右上角加「，」。又如韻母，儘前的「Y」作「Y[a]」，儘後作「Y[ɑ]」。

(2)就注音符號增改筆畫：如聲母用作韻母的「ㄇ[m̩]」「ㄋ[n̩]」「兀[ŋ̍]」由「ㄇ」、「ㄋ」、「兀」下各增一豎。

(3)將注音符號倒反：聲母如雙唇的「ㄈ」作「コ[ɸ]」是；韻母如舌央微升的「ㄚ」作「⅄[ɐ]」是。

(4)將注音符號省併：如「ㄞ[ɬ]」就是表「ㄏ」與「ㄌ」的合音。

(5)另製新符號的，只有「ㄅ[ʔ]」一聲，「ㄨ[œ]」一韻兩個符號罷了。

黎氏並附編全國方音的發音圖表、分佈地理略圖、調查表格、方音注音符號表舉例等，然後分寄各委員簽註意見。略定了全國各地及邊疆的方言的音素標準，調查、拼讀方音都比較方便，有所依據了。民國三十二年三月，舉行「全國方言注音符號修訂會議」，通過了黎氏等所編的「中國語音分析符號」和「方言注音符號」兩種表，合刊一起，也叫做「全國注音符號總表」。該會把這兩種表合編一起，並附注國際音標，以表音值，今附表如下：

中國語音分析符號與注音符號對照總表

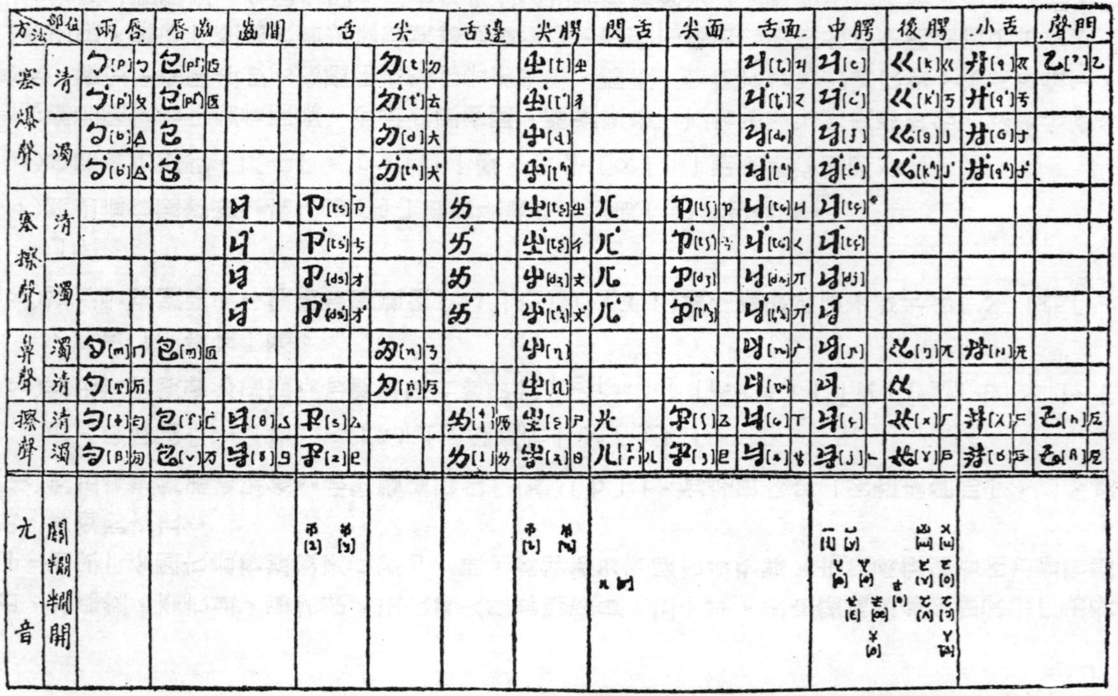

民國三十二年四月教育部國語推行委員會全國方音符號修訂委員會製定

於是研究調查方言的符號與方法大備，產生了更多的調查研究語言方音的著作。按自民國十一年以來，有關研究方言的著作有：

劉　復「四聲實驗錄」（民十一、上海羣益書社印行），係作者在巴黎用實驗語音學方法，研究漢語聲調的報告。

李方桂「廣西凌雲猺語」（民十九、中央研究院歷史語言研究所集刊一，下省稱集刊或單刊）

「龍州土語」（民二九、史語所單刊甲種十六）

「武鳴土話音系」（民三六、集刊十二）

「莫話記略」（民三七、集刊十九）

「武鳴土語」（民四五、單刊甲種十九）

「剝隘土語」（The Jui Dialect of Poai：Phonology）（民四六、集刊二十八）

李方桂、陳奇祿、唐美君「邵語記略」（民四五、台灣大學考古人類學刊七）

陶燠民「閩音研究」（民十九、集刊一——四）

羅常培「廈門音系」（民十九、單刊甲種四）

「徽州方言的幾個要點」（民二三、國語週刊一五二）

「臨川音系」（民二九、單刊甲種十七）（江西）

「中國方音研究小史」（東方雜誌三卷七期）

趙元任「北京、蘇州、常州語助詞的研究」（民十五、清華學報三——二）

「現代吳語的研究」（民十七）
「廣西猺音記音」（民十九、單刊甲種一）
「反切語八種」（民二十、集刊二—三）
「中國字調跟語調」（民二二、集刊四—二）
「方言性變態語音三例」（民二四、集刊五—二）
「中國方言當中爆發音的種類」（民二四、集刊五—四）
「鍾祥方言」（民二八、單刊十五）（湖北）
「粵語入門」（民三六、哈佛大學印行，有中英兩種本子）
「湖北方言調查報告」（兩大册，民三七、史語所專刊，商務印行）
「中山方言」（民三七、集刊二十）
「台山語料」（民四十、集刊二十三）
白滌洲「關中聲調實驗錄」（民二三、集刊四—四）
張　琨「苗傜語聲調問題」（民三六、集刊十六）
張洵如「北平音系十三轍」（民二六、中國大辭典編纂處印行）。轍，皮黃戲曲的韻脚。以北平的方音為主，依國音韻母的次序，對照北平國語區中民間戲曲的韻轍排列。本書每韻一卷，共分十三卷。⑴麻沙（ㄚ、ㄧㄚ、ㄨㄚ）⑵梭波（ㄛ、ㄨㄛ、ㄜ）⑶邪乜（ㄧㄝ、ㄩㄝ）⑷懷來（ㄞ、ㄧㄞ、ㄨㄞ）⑸灰堆（ㄟ、ㄨㄟ）⑹遙迢（ㄠ、ㄧㄠ）⑺由求（ㄡ、ㄧㄡ）⑻言前

（ㄢ、ㄧㄢ、ㄨㄢ、ㄩㄢ）⑼人辰（ㄣ、ㄧㄣ、ㄨㄣ、ㄩㄣ）⑽江陽（ㄤ、ㄧㄤ、ㄨㄤ）⑾中東（ㄥ、ㄧㄥ、ㄨㄥ、ㄩㄥ）⑿衣期（ㄧ、ㄩ、ㄖ、ㄙ、ㄦ）⒀姑蘇（ㄨ）等十三部，故名。

「北平音系小轍編」八卷（民三八、開明書店出版）根據國語區域裏民衆文藝裏的口語，蒐集ㄦ化詞三千多條，分列在八部小轍兒裏，成一捲舌韻的詞書，以補「北平音系十三轍」ㄦ化韻和佩文新韻的未備。註明何詞必須ㄦ化。

凌純聲、芮逸夫「湘西苗族調查報告」（民三六、單刊甲種十八）第十一、十二兩章有關苗族的語言。

黃錫凌「粵音韻彙」（民三十）

董同龢「華陽涼水井客家話記音」（民三七、集刊十九）（四川）

「廈門方言的音韻」（民四六、集刊二十九）

楊時逢「成都音系略記」（民四十、集刊二十三）

「昆明音系」（民四三、中央研究院院刊第一輯）

「長沙音系」（民四五、集刊二十七）

「四川李莊方言略記」（民四五、集刊二十八）

「湖南方言聲調分佈」（民四六、集刊二十九）

「臺灣桃園客家方言」（民四六、單刊甲種二十二）

「雲南方言調查」（民五九、中央研究院出版）
朱兆祥「臺語方音符號」（民四一、台灣省國語推行委員會印行）
藍亞秀「福建音系」（民四二、國立台灣大學文史哲學報）
楊聯陞「老乞大朴通事裏的語法比較」（民四六、集刊二十九）
台灣省國語推行委員會國臺通用語彙（民四一、該會印行）
吳守禮「福建語研究導論」（民三八）
「近五十年來台灣語研究之總成績」（民四四）
「福客方言綜志目錄」（民四四）
鍾露昇「福建惠安方言」（民五二、油印本）
孫洵侯「臺灣話考證」（民五三）
王天昌「福州語音研究」（民五八、世界書局出版）
王力「Une Pronunciation Chinoise de Po-pei, étudiée á Láide de La phonétique experimentale」（民二一、廣西博白）

五、簡體字

簡體字，就是比楷書筆畫較少的異體字，很早就已經存在。漢字的筆畫，向苦繁難，不但今人嫌它書寫費時，古人也嫌它費時，老早有人將筆畫減省。例如：「禮」字，說文中作「禮」，省作「礼」；

「秋」字，作「龝」，省作「秌」。前人於公私文字，往往改用簡體。在經典及書札中，簡體字也數見不鮮。明儒黃宗羲對於應用簡體字主張尤力，有「可省工夫一半」之語。就拿我們平日寫字作文來說，也常常用簡體字。簡體字在我們的生活上，可說是極普遍的應用。清宣統元年（一九〇九）一月二十五日陸費逵先生作「普通教育當採用俗體字」一文，登在教育雜誌第一年第一期，爲簡體字運動的先聲。到了民國，錢玄同先生也是倡導簡體字的健將。民國九年二月，錢玄同在「新青年」七卷三號上發表「減省漢字筆畫底提議」，主張用簡體字。十一年八月二十日，國語月刊出「漢字改革號」專刊，有胡適漢字改革號卷頭言，周作人漢字改革的我見，ㄩㄢ對於簡筆字之我見，周起鵬漢字改革問題之研究：……等文，都鼓吹採用簡筆字。這時教育部國語統一籌備會開第四次大會，錢玄同以「現行的漢字，筆畫太多，書寫費時，爲學術、教育上的障礙。」提出「減省現行漢字的筆畫案」，有陸基、黎錦熙、楊樹達等連署建議把我國的文字簡化，由繁體變爲簡體，他說：

「從甲骨、彝器、說文以來，時時發見筆畫多的字，時時有人將它的筆畫減省。殷、周之古體減爲秦篆，秦篆減爲漢隸，漢隸減爲漢草（章草），漢草減爲晉、唐之草（今草），漢隸的體勢變爲楷書，楷書減爲行書；宋、元以來，又減省楷書，參取行草，變成一種簡體，卽所謂「破體」「俗體」「小寫」，這都是最顯著的減省筆畫。……漢字的字體，在數千年中，是時時被減省的，向着簡易的方面進行，可說是沒有間斷。」

錢玄同氏認爲可以根據民間的簡體字來減省筆畫。這種簡體字十之七八都是從宋、元時代流傳下來的。他歸納簡體字構成的方式約有八種：

(1)將多筆畫的字，全部刪減，粗具匡廓，略得形似的，如龜作亀，壹作壱。

(2)採用固有的草書，如得作𢔶，爲作为。還有就草書稍稍改變的，如稱草作秝，變作称。

(3)將多筆畫的字，僅寫它一部份，如聲作声，寶作宝。

(4)將全字中多筆畫的一部份，用很簡單的幾筆替代，如劉作刘，邊作边。

(5)採用古體，如禮作礼，處作処。

(6)將音符改用少筆畫的字，如遠作远，燈作灯。

(7)別造一個簡體字，如竈作灶，響作响。

(8)假借他字的，如乾借干，幾借几。

他認爲這種通行民間的簡體字，現在應該把它應用於教育、文藝、以及一切學術、政治上，把它看做漢字的改良之體。這個議案，當時就獲得通過，組織「漢字省體委員會」，有錢玄同、熊崇煦、黎錦熙、胡適、沈兼士、周作人、方毅、廖立勛、王璞、陳衡恪、楊樹達、陸基、趙綸士、朱文熊等十五人被選爲委員，負責其事。

民國十七年五月，陳光垚在上海民國日報發表「發起簡字運動臨時宣言」，呼籲促進簡體字運動。六月國民革命軍統一南北，奠都南京，北京改爲北平。教育部改爲大學院。這時大學院召集全國教育會議中，學術界人士提議推行簡體字計劃。十九年二月，劉復、李家瑞合編「宋元以來俗字譜」出版（中央研究院歷史語言研究所印行），爲簡體字運動中的重要著述之一。二十一年公佈的「國言常用字彙」，習用的簡體字大都被收入了。錢玄同在二十三年又提出了一個「搜採固有而較實用的簡體字案」。民國二十四年一月十八日教育部函聘黎錦熙、汪怡安草擬「簡體字譜」，黎、汪選擇社會上比較通行的簡體字，編訂簡體字表，於六月十七日提出，經教育部嚴格審查，共計十七類，二千三百四十多字，其中便於鑄銅模者有一千二百多字。到八月二十一日教育部正式公佈第一批簡體字三百二十四字如下：

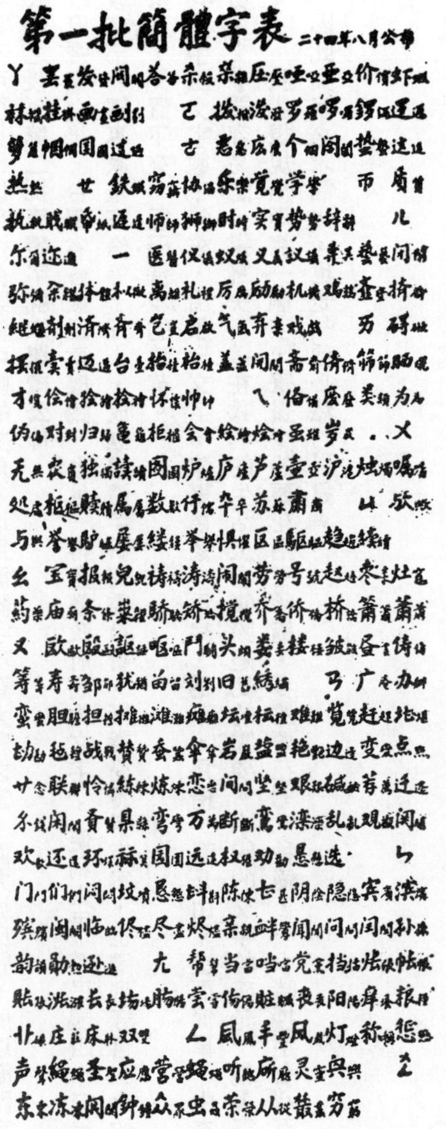
第一批簡體字表　二十四年八月公布

通令全國人民機關採用。漢字求簡，原不是將漢字作根本的改革，不過因舊所有而簡化，以為勢順易於推行；希望第一批簡體字推行達相當的程度，使守舊學者的觀念漸漸泯去舊日「正體字」的時候，再斟酌情形陸續公佈其他簡體字，就是這樣簡單的、有益於教育文化的目的，也不容易達到。許多守舊的人士，受清代文字復古論調的影響，對文字的點畫挑剔，特別講求，反對一切俗體，以爲筆畫減省後，造字的本意不可復見，以爲這是毀滅中國的文化，以爲簡體字不登大雅之堂，而力加反對，所以簡體字第一批公佈之後，第二批簡體字就未繼續公佈。

政府遷臺之後，台灣省各級民意機關，也曾一再建議政府簡化文字，便利人民。民國四十二年六月，教育部聘請專家羅家倫等十五人，成立簡體字研究委員會，擬議簡體字方案，也遭到守舊人士的反對與指責，擱置下來，阻礙進步的改革。

其實中國文字數千年來，由象形文字，演變爲篆、爲隸、爲草、爲楷，都是由繁複而簡單，由奇詭而平易，文字要容易認、書寫快，這在我們的生活上有實際迫切的需要。中國的文字的確是一種書寫費時的文字。我們規規矩矩寫一個字，筆畫少的要花兩三秒鐘，多的要花七八秒鐘，一小時抄字七八百字罷了。因此文字之求簡化，也是一種必然的現象。

臺灣推行國語教育的經驗

一、日本佔領臺灣後，推行日語日文，想消滅我國語文的情況

一八九四年（清光緒二十年），我國因爲朝鮮問題，和日本發生甲午戰爭，失敗，第二年割讓臺灣給日本。日本佔領臺灣後，派遣伊澤修二來臺北，在芝山巖惠濟宮，設立學務部，強迫臺灣同胞學日語日文，用高壓手段來推行文化侵略。後來所有學校都用日語教學，廣設「日語講習所」，招收十二歲到二十五歲的青少年，傳授日語。又規定報刊書籍全用日文，大小機關全說日語。到一九三七年（民國二十六年）發動侵略我國戰爭之後，更加強日語，全講日語的家庭，可以享受特別配給。可以說用盡方法來消滅我國的語文與文化，想使臺灣同胞忘記他們是來自福建、廣東地區的中國人，忘記他們大都是明末隨鄭成功來臺民族義士的後裔。

二、抗戰勝利後，臺胞熱烈學習國語與國文

一九四五年（民國三十四年）十月二十五日，臺灣光復了。這時，臺灣同胞三十歲以下的人，不但不會說國語，不會認漢字，甚至講臺灣話（閩南話、客家話），也沒有說日本話那麼的方便。

當臺灣光復的時節，臺灣的同胞心喜回到祖國的懷抱，但見到從大陸來的同胞，卻說不出話來，無法用同一語言溝通感情，表達意見。這是多麼不便，多麼痛苦的事！一時學校、機關、社會還都沒有辦法不說日語；雖然如此，那時臺胞都急著要恢復祖國的語文，要說國語，要認漢字，於是對國語的學習，就狂熱地展開了！於是有一些舊日的私塾恢復了，一些戰爭期間教日本人中國話的通譯，也被請來傳授國語。也有一些人就在市場的屋簷牆角，掛一面小黑板，收一些學費，對四面圍攏來的人，教幾句國語。學校中，本省的教師也是邊學邊教，都非常熱心。國語的書籍，也紛紛上市。當日的國語，南腔北調，沒有標準。

國語，今天已經普遍傳播臺灣各地，老一輩也能用國語來應付說話，年輕的沒有不會說國語的，而且說得比大陸來的人還要標準些。臺灣本省人的國文程度，對中國文化的理解，已經跟外省人一樣了；臺灣人爲國文教授，文藝作家的，也很多。臺灣今天還設立許多國語中心，教外國人士，歸國華僑講國語，也有很大的成果。

臺灣今天推行國語教育，有如此輝煌的成就，可以說是得力於政府與民間共同的努力。代表政府的有臺灣省國語推行委員會、各縣市國語推行委員會、各大中小學校的教師，代表民間的有國語日報、中國語文學會、世界華文教育協進會、各文化機構、語言中心、書店、廣播電臺、電視臺的努力。

現在，我們就將臺灣推行國語教育的可貴的經驗，作一報告。我國語言學家，像盧戇章、王照、勞乃宣，在清末就提出統一我國的語言的構想；到了民國二年，組織讀音統一會，擬製三十九個注音字母，審定了六千五百多字國音，並且通過一些推行的方法；後來注音字母，又加修訂；至今將近一百年，先賢想統一國語的理想，尚未在各地實現，仍有待大家努力。臺灣推行國語成功的實際經驗，實在是很可貴的；所以我們選擇這個題目作爲報告。現在介紹如下：

三、臺灣省國語推行委員會

臺灣省國語推行委員會，是推行國語教育的專門機構。臺灣剛光復的時候，臺灣省行政長官公署感到：「推行國語」是最重要的一項急務，語言能夠相通，才能團結國民，推行政令，興辦事情，所以請求教育部派國語專家前來，協助推行國語。

教育部國語推行委員會，派出常務委員魏建功、專門委員何容等人來臺。這年十一月到達臺灣，決定設立專門機構，隸屬省教育處，主持推行國語的工作。

㈠設立推行國語教育的專門機構——臺灣國語推行委員會

第二年（民國三十五年、一九四六年）四月二日，成立臺灣省國語推行委員會，由魏建功爲主任委員，何容爲副主任委員，又聘請齊鐵恨、方師鐸、王玉川、黎錦熙、王壽康、梁容若、董長志、夏承楹……本省人士洪炎秋、吳守禮、黃得時……加入爲委員。到一九五九年（民國四十八年）六月裁撤，另在教育廳內設置「國語推行委員會」單位。前後十三年三個月，對臺灣國語教育政策的釐訂，國語教育與運動的推行，都有非常大的貢獻。

(二)利用注音符號，帮助臺胞認字講話

當時，臺灣推行國語，不只是使臺胞會用國語說話；最主要的，還是臺灣在日本佔據五十年後，如何使臺胞重新恢復、認識、理解祖國的文化與民族的精神？當時，國語推行委員會利用注音符號，來幫助臺胞認識漢字，讀我國書籍，了解我國的文化。今天，臺灣兒童靠注音符號，來讀注音的書刊報紙，在認字方面有驚人的效果，對小學生閱讀能力的提高，也有極大的幫助。

(三)從比較臺語與國語的不同，來教臺胞的國語

當時，臺灣的年輕人只知道日語日文，說臺灣話也變了質；老年人雖然會說流利的臺語，用臺語的讀書音讀我國的古書，但也不會講國語。要在這樣的環境推行國語，其困難可想而知。

不過，臺灣方言和國語，是同語系（漢語系）的語言，語法用詞大同小異，語音雖然有差異，仍然有跡可尋，只要知道兩者的不同點，就很容易學習糾正。臺灣人是來自福建、廣東二地，保存我國的很多古音。譬如：

1. 古代沒有輕唇音：ㄈ（f）。ㄈ，臺語多念ㄅ（b）、ㄆ（p）或ㄏ（h）。如讀「房」ㄈㄤˊ（fáng）為ㄅㄤˊ（báng）；「芳」ㄈㄤ（fang）為ㄆㄤ（pang）；「範」ㄈㄢˋ（fàn）為ㄏㄨㄢ˫（huan）。

2.古音沒有翹舌音：ㄓ（j）ㄔ（ch）ㄕ（sh）ㄖ（r）ㄦ（er）。臺語讀「知」ㄓ（jī）爲ㄉㄧ（di）；「癡」ㄔ（chī）爲ㄑㄧ（chi）；「師」ㄕ（shī）爲ㄙㄨ（su）；「日」ㄖˋ（rì）爲ㆡㄧ（jid）；「耳」ㄦˇ（ěr）爲ㄫㄧ（gni）。

3.古音沒有ㄐ（ji）ㄑ（chi）ㄒ（shi）：臺語ㄐㄑㄒ大部分讀ㄍ（g）ㄎ（k）ㄏ（h），小部分讀ㄗ（tz）ㄘ（ts）ㄙ（s）。如讀「基」ㄐㄧ（jī）爲ㄍㄧ（gi）；「欺」ㄑㄧ（chǐ）爲ㄎㄧ（ki）；「戲」ㄒㄧˋ（shì）爲ㄏㄧ（hi）。讀「聚」ㄐㄩˋ（jiù）爲ㄗㄨ（jū）；「妻」ㄑㄧ（chī）爲ㄘㄝ（tse）；「西」ㄒㄧ（shī）爲ㄙㄝ（se）。

4.古音有影ㄧ（yi）母，沒有喻ㄩ（yu）母：國語ㄩ（yu）韻，臺語讀ㄧ（yi）或ㄨ（wu）。如讀「魚」ㄩˊ（yú）爲ㄏㄧˊ（hí）；「女」ㄋㄩˇ（niǔ）爲ㄌㄨˋ（lù）。

5.國語中空韻「ㄭ」（r、z），臺語不是讀ㄧ（yi），就是讀ㄨ（wu）：如「知」ㄓ（jī），臺語讀ㄉㄧ（di）；「師」ㄕ（shī）爲ㄙㄨ（su）。「滋」ㄗ（tzī）爲ㄗㄨ（tzu）；「雌」ㄘ（tsī）爲ㄘㄨ（tsu）；「私」ㄙ（sī）爲ㄙㄨ（su）。

由比較臺語與國語的不同，知道臺胞學習國語，那些地方最容易讀錯，要他們特別注意，讀錯了就加以糾正、轉換；這樣學起來，自然容易多了。這樣去推行標準的國語，自然有極迅速的效果。

㈣公佈「國音標準彙編」，做推行國語教育的準繩

臺灣光復的時候，國語的傳習，只是靠熱心人士，各就所知，擔任教習，南腔北調，沒有標準，使臺胞甚感惶惑，希望有一個正確的標準音。臺灣省國語推行委員會（以下簡稱國語會）就針對這個毛病，根據「國語常用字彙」，改編成「國音標準彙編」，由政府於一九四六年（民國三十五年）五月三十日公佈，通令全省作爲傳授國語的標準，來訂正臺胞的讀音。推行國語必先統一讀音，這個理想現在已經在臺灣徹底實現了。

㈤訂定「臺灣省國語運動綱領」，作爲推行國語教育的大方向

一九四六年（民國三十五年），臺灣省國語會針對臺灣這種特殊的環境，另訂了六條「臺灣省國語運動綱領」：

1. 從方言比較，學習國語。
2. 注重國字讀音。
3. 刷清日語句法。
4. 研究詞類對照。
5. 利用注音符號。
6. 鼓勵學習心理。

作爲推行國語的指針。由於方向正確，所以臺灣國語的推行很快就收到成效。

㈥當時國語會爲推行國語所做的工作

當時省國語會爲了推行國語，做了不少事情。歸結起來，其基本工作有下列六點：

1.大量訓練國語師資

臺灣光復後，國語師資非常缺乏，由大陸來臺回臺的中小學的教師不很多，所講的國語也不標準。原有本省籍的教師，對國語國文又一竅不通，幾乎都是一邊學一邊教。當時，國民小學有一千多所，如果一所要一個國語教師，就要一千多個。因此必須大量培養與訓練國語師資，因應學校與社會的需要。當時的措施有：

(1)在各縣市設立國語會：政府在臺中、高雄等九縣市設立國語推行所或推行會，負責推行與輔導當地國語教育的工作。

(2)設立各種國語講習班與研究會：政府舉辦許多講習會，省教育處首在臺北市，舉辦「國民學校教員國語講習班」，各縣市也舉辦許多講習班，培養國語教師。由國語會的工作人員，擔任講習工作。臺北市國語會，設立國民學校校長語文研究班，當然能促使各校積極推行國語教育。國民學校也設立語文研究會，由教師組成。中等學校教員，在省訓團受訓，國語也是主要科目之一。另外招考國民小學的國語教師一〇四人，給予短期訓練，分發各地教學國語。

(3)開辦國語文專修班：一九五三年（民國四十二年），臺北市開辦國校教員國語文專修班，聘臺灣師範學院王壽康教授主持，調訓各校優秀教員，給予嚴格的國語文訓練，使畢業後，回校領導國語文教學，每期六個月，成績甚為顯著。

(4)設立國語文補習學校：招收一般有意學習國語的人。

(5)國語會協助臺灣大學、師範學院、師範學校，增設國語課程，並派員擔任教學。

(6)在大學設立國語科：一九四八年（民國三十七年）在國立臺灣大學文學院設立國語專修科，後來改在臺灣省立師範學院，何容、王壽康先後擔任科主任，培養國語教育專業人才。

(7)從社會各方面推行國語：國語會舉辦全省公務員語文師資講習班，徵調全省一百三十個機關的公務員前來訓練，然後回原機關傳播國語。又如協助省秘書、統計、人事、民政、交通……等廳處，臺灣等銀行，石油、糖業、玻璃、紙業、產物保險……等公司工廠，醫院、婦工、民衆、山地等，舉辦語文師資班或補習班。從各方面下手來傳播國語。

2.輔導國語教育與推行工作

當時，臺灣國語會對各地國語教學的輔導工作，有下列幾項：

(1)派員前往各地視察，輔導國語教學，舉行討論會、座談會。

(2)舉辦種種有關國語活動，如注音、作文、演說、朗讀等比賽。各縣市每年舉辦國語競賽，有各校學生代表、社會代表、及學校教師，分組來參加比賽，人數常在千人以上，成績優良的給予獎賞。這也是鼓勵教員進修國語文，學生學習國語文的一種方法，所以成績是一年比一年好。

(3)對中學國語文教學的輔導：一九四八年（民國三十七年）三月，教育當局組織中等學校國語文教學輔導委員會，先後在臺北市女子師範等學校舉辦，由魏建功講國音沿革，何容講國語文法，齊鐵恨講國音標準，高鴻縉講文字學。這種輔導工作，時時進行。

(4)出版國語輔導刊物：臺灣同胞與教師學習與教學國語，都非常認真，對語音變化，字詞來源，詞義解釋，寫作方法，及其他問題，都要尋根究底。國語會在新生報出「國語周刊」，解答各種問題。國語周刊停刊後，國語會又另出版「國語通訊」。大家詢問問題非常多。一九六一年（民國五十年）齊鐵恨教授把他數年來爲解答教師，國語文問題的答案，刪掉重覆，編成一本書，由國語日報出版，就收有一千五百多條不同的解答。

3.示範讀音與廣播教學

國語會爲要推行標準的國語，又利用廣播電台，所做的工作有下列三項：

(1)起先播放趙元任先生發音的國語留聲機片，來統一注音符號的讀音。

(2)一九四六年（民國三十五年）五月一日，請齊鐵恨先生每日在清晨七時，在電台擔任「國語讀音示範」，播講民衆國語讀本、國語會話，國民學校國語、常識、歷史各種課本，供學國語的人收聽，匡正讀音。後來因聽衆要求，又播講中學國文課本和國語日報發行的「古今文選」。並在星期六解答各種國語問題。這種讀音示範的廣播工作，到一九五四年（民國四十三年）五月才告結束，前後八年，從未間斷過一天。今天臺灣的國語教學，能收到讀音標準化的效果，齊先生的功績是不可埋沒的。

(3)當時有些僻遠的地區，沒有收音設備，國語會購置國語留聲機片，分贈國民學校，以資補救。

4.編印國語書刊

推行國語，必須有大量的國語讀物，才能發揮作用。臺灣光復初期，坊間曾有幾十種國語課本流行。國語會成立後，也編印審查過數十百種有關國語的書籍。後來書店出版的更多。內容有國語辨音、國語辭典、語法文法、國語運動史、國語教學方法、比較國語臺語專著等等，數量非常多。現在將其中比較重要的，分列如下：

(1)國語辨音類：有「國語標準彙編」（國語會編，開明書店出版），「國語變音舉例」（齊鐵恨著，臺灣書店），「同義異讀單字研究」（齊鐵恨著，復興書局），「破音字講義」（齊鐵恨著，橋梁出版社），「小學課本注音問題答客問」（何容著，國語會印），「增補國音字彙」（方師鐸編，開明），「國字正音正體」（王天昌著，世界書局），「多音字彙」（林以通著，庚子出版社），「國語音讀手册」（李蔭田著）。

(2)國語辭典類：「國音字典」（中國大辭典編纂處編，商務書店），「國語辭典」（中國大辭典編纂處編，商務），「國音常用字典」（方祖燊、那宗訓、張孝裕、鄭奮鵬、鍾露昇編，復興）。後來各書店出版的國語小辭典非常多，以國語日報出版、何容主編的「國語辭典」、「國語字典」最爲有名。一九八六年三民書局出版的「大辭典」，每一個字、每一個詞也都加上注音。

(3)語法文法類：「中國話的文法」，（趙元任著，美國加州大學出版），「簡明國語文法」（何容著，正中書局），「國語基本句式」（祁致賢、張席珍、楊富森著，中國語文研究中心出版），「國語詞彙學構詞篇」（方師鐸著，益智書局），我個人在一九八五年也有「國語複音詞形成與結構的研究」（見師大學報第三十期）爲比較晚起的單篇研究詞彙的論著，「漢語語法論」（高名凱著，開明），「國語語法」（高名凱著，樂天出版社），「實用國語文法」（董長志著，臺灣書店），「中國文法講話」（許世瑛著，開明），「常用虛字用法淺釋」（許世瑛著，復興），「中國古代語法」（周法高著，中央研究院史語所）。最近有「國語句式研究」（黃貴放著，益智）。

(4)國語運動史類：有「臺語之國語運動」（何容、齊鐵恨、王炬合編，臺灣教育廳發行），「五十年來中國國語運動史」（方師鐸著，國語日報社），「國語運動的理論與實際」（王炬著，國語會），「第二次中國教育年鑑」（教育部編，第九編第五章國語教育，記民國二三至三七年的國語概況），「臺灣國語運動史」（張博宇著，商務），「六十年來之國語運動簡史」（方祖燊著，收於「六十年來之國學」中，正中出版）。

(5)國語教學法類：有「國語注音符號概論」（何容、齊鐵恨、王玉川、朱兆祥合編，總政治部印行，用於軍中推行國語），「國語說話教材及教法」（王玉川編，國語會），「怎樣教學注音符號」（王玉川著，復興），「小學國語教材問題」（祁致賢著，國語會），「怎樣教學說話」（祁致賢著，復興），「演說十講」（王壽康著，正中），「國音基本教材」（朱兆祥著，國語會），「中國語音史」（董同龢著，中華文化出版事業委員會出版），「國語問題」（艾偉著，中華書局），「國語注音符號講義」（張博宇著，宇宙圖書公司），「國音」（王天昌著，世界），「語文教學研究」（林國樑著，童年書店），「國語發音」（那宗訓著，開明），「國語語音學」（鍾露昇著，語文出版社），「常用字辨」（張孝裕著，臺北市國語會發行），「王明德教學法研究」（陳貞銘等著，高雄女子師範學校印行）,「國音學」（張正男、張孝裕、張素貞、黃家定、葉德明合著,爲臺灣師範大學全校一年級國音課程教材,正中出版）。「識字講義」（何容編,臺北市國語會）,「怎樣講故事」（王玉川著,國語日報社）。

⑹比較國語臺語的專著類:有「國臺語字典」（朱兆祥編,國語會）,「國臺字音對照錄」（林良編,魏建功指導,國語會）,「國臺語對照會話課本」（朱兆祥編,國語會出版）。

⑺其他:有「語言問題」（趙元任著,臺大文學院印,商務再版）,「國語問題解答」（齊鐵恨著,國語日報社）「我的國語論文集」（王玉川著,國語書店）,「國語與國文」（梁容若著,國語日報社）,「鑰匙字研究」（趙友培著,中華文化出版事業委員會）,「國語文輔導記」（趙友培著,中國語文月刊社）,「中國語文論叢」（周法高著,正中）,「國民學校常用字彙研究」（國立編譯館主編,中華）。

這些讀物對臺灣國語文教育的貢獻是很大的,對師資的訓練,國民的自修,都盡了一分力量。雖然這些書籍,有的已經看不到了,但仍然教我們懷念!

5.國小一年級上學期,先教注音符號

一九五三年（民國四十二年）,國語會建議教育當局,臺灣國民學校一年級第一學期先教注音符號。第二年起,更規定前十二週,先教注音符號及說話,打好了學童拼音的基礎,以後各年級的各種課本都是用注音漢字編寫的。這對孩子的認字,有很大的幫助。此外國語日報社、東方出版社……都出版了許多注音的兒童讀物，因此臺灣的兒童都能說比較標準的國語。各級學校都是用國語授課。臺灣的教育非常發達，各級學校的學生，佔總人口的比率很大，學校的國語教學成功，國語統一的基礎也日見鞏固了。現在年輕的一代都會說國語了。

6.師範院校國語文的課程是非常嚴格的

臺灣的中小學校師資，大都從師範院校大學出來的；這些師範院校對國語國文的訓練是很嚴格的。一九四九年（民國三十八年）起，教育廳實行師範學校國語國文統一考試，不合格的不准畢業；師範大學的各科系一年級，全部有國語國文必修的課程，並舉行標準考試，不及格的，第二年還得再參加考試：目的使畢業的學生，都能夠應用標準的國語教學。因此中小學校的老師國語都講得不錯，這對學生的影響，當然也是很大的。

7.設立實驗小學，改進小學語文的教學法

一九四六年（民國三十五年）八月，將一所臺北市立國民學校，改爲國語會附屬實驗小學，並派國立女子師範學院國語專修科學員擔任教學，由王玉川負責指導實驗改進小學語文教學法；實驗成功的，有低年級說話教材及教法等書。

國語推行委員會，雖然在一九五九年（民國四十八年）裁撤了，但是對臺灣教育已經播下無數的種子，已經在新生的一代的口語中開花結果；這種影響將是永遠擴大持續下去。所以領導路子的正確，影響是無以算計的。

四、國語日報社對推行國語的貢獻

國語日報，對臺灣國語的推行的貢獻非常大，因爲它是一份注音的報紙。由漢字旁邊的注音，幫助孩子認識生字，讀出正確的字音。臺灣幾乎國民學校每一班級，和有孩子的家庭，都訂有國語日報。

㈠國語日報的創立

國語日報創刊於一九四八年（民國三十七年）十月二十五日。教育部長朱家驊來臺灣視察，看到當時臺灣國語教育的成就，臺灣同胞熱忱學習國語的情況，因此想把北平的「國語小報」移來臺灣，改爲「國語日報」，想藉注音的報紙幫助臺胞學習國語，命令魏建功，何容負責其事。但北平國語小報的主持人捨不得放手，只給了一架舊的四開印刷機，又向教育部借了一副殘缺不全的五號注音銅模，僱聘一些編輯發行排印技工，國語日報就這樣產生了。由於設備簡陋，資金缺乏，難以維持，只好裁減員工，向國語會借兩間房子做排字工場。當時國語會裏一些熱心推行國語的人士，也想用國語日報來編印注音讀物，傳播國語，就完全義務，支援一些編輯發行的人力。這樣減少開支，勉強苦撑了一段時間。

一九四九年（民國三十八年）三月十三日，由當時熱心國語運動的人士汪怡、胡適、傅斯年、齊鐵恨、王玉川、何容、梁容若、王壽康、方師鐸、祁致賢、李劍南、黃純青、杜聰明、游彌堅、李萬居、洪炎秋、陳懋治組織董事會，推傅斯年爲董事長，洪炎秋爲社長，梁容若爲總編輯。後來傅斯年因臺大校務太忙，改由游彌堅繼任。國語日報是財團法人的組織。後來銷路日增，影響日大，現在發行量有二十幾萬份。現在國語日報的社址，在臺北市福州街十號。

㈡國語日報對推行國語的貢獻

國語日報完全以推行國語爲理想，所以內容的編排，完全用淺近文字編寫，注音漢字印刷，有語文、國教、科學、史地、體育、家庭、少年、兒童、古今文選、書和人、新聞、副刊各版；當然四十年來，版面也有些改變，像語文、史地……已經沒有了，增加周刊、常識、話題、漫畫、故事、兒童園地、趣聞各版，使學生民衆由注音的漢字來學習國語，充實語文等各種知識。由於注音的緣故，對孩子自己認字，有很大的幫助。「古今文選」尤其有名，爲中外學中國語文的人士所讚美，對中國語文教育、古典文學的普及，貢獻很大。後來三民書局用白話釋注、注音漢字排印四書、古文觀止、唐詩三百首、老子……等古籍，都是受此影響。

國語日報編印各種注音讀物，有一百多種。到一九六四年（民國五十三年），設立出版部，由林良擔任經理，至今印有八百多種不同的注音讀物，包括國語辭典、文選、書和人、論著、會話、語文教材、歷史、藝術、家庭、兒童等各種書籍；其中以兒童讀物最多，約七百種左右，有故事、說話、作文、科學、傳記、中外文學名著等等。像「七百字故事」銷售量高達十五萬册；「古今文選」活頁有一期售出四十萬份，三十八年來合訂本的銷售金額，當在新臺幣八千萬元以上。由這些數字，可以知道國語日報的注音讀物，對臺灣國語的推行，學生和民衆語文知識的充實，寫作能力的提高有極大的貢獻。

國語日報於一九七三年（民國六十二年）三月一日，設立語文中心，有成人國語正音班、兒童寫作班、兒童文學創作班，………華語班、華語師資訓練班等。像兒童寫作班，每班二十人，每期三個月，一期有四千人參加。現在還有兒童演說、美術、舞蹈、科學各班。對兒童教育自然有相當的影響。

五、其他注音書刊、報紙與廣播媒體，對國語的推行也有貢獻

臺灣出版兒童讀物的出版社，數在兩百多家，經常出書的有六十家。其中最早的是東方出版社（民國三十四年十二月）。他們出版各種兒童刊物和讀物，據保守的估計，這四十多年來所出版的兒童讀物，當在一萬種以上；因爲受到國語日報的兒童讀物，全部加以國語注音符號的影響，這些兒童刊物與讀物幾乎百分之八十以上都加注音。臺灣有二十多家報紙，目前仍有中央日報等十家有兒童版，採用注音漢字來編排。此外有臺視、中視、華視三家電視台、中廣等三十三家廣播電台；他們大部分的節目，都是採用國語演出播出的。現在又增加了四家兒童報紙：兒童時報、國語時報都是全部加注音的報紙，兒童日報局部注音，小鷹日報挑難字注音，對兒童國語的訓練又增加一些生力軍。

這許多出版社、報紙、電視台、廣播電台對於臺灣國語教育的加強與成果的保持，在無形中，也有非常大的助力與貢獻。

六、中國語文學會（臺北市泰順街二十六巷十號）

中國語文學會，在一九五三年（民國四十二年）五月三十一日成立，由臺灣文化教育界人士組成，現有會員四百多人，學校團體會員三千五百多校，在海外設有分會，是以促進語文統一，改進語文教育爲宗旨的，曾協助教育行政機關發展國語文教育。如一九五七到五九年（民國四十六到四十八年），該會理事王壽康教授、趙友培教授，應教育廳劉眞廳長之邀，輔導全省國語文教育，召開四十四次大規模中小學國語文教師座談會。發行有「中國語文月刊」。舉辦全省中學生作文展覽，研究中小學國語文教科書，出版語文專著，如趙友培「國字基本結構研究」，王壽康「發音圖說」，祁致賢「國語基本句式」，方師鐸「詞彙學」，王鼎鈞「文路」……等，對國語文教育也做了一些工作。

七、國語注音符號第二式的研訂與公佈

一九二八年（民國十七年）九月，國民政府公佈國語統一會制訂的「國語羅馬字」。但因四聲變化比較複雜，不容易學，未能普遍使用。爲因應外籍人士與華僑子弟學習中國語文的需要，教育部國語推行委員會，就「國語羅馬字」爲準，略作修訂，改用四聲調號，表示聲調，改名爲「國語注音符號第二式」，於一九八六年（民國七十五年）一月二十八日，正式公佈。與注音符號對照如下：

b ㄅ	p ㄆ	m ㄇ	f ㄈ	d ㄉ	t ㄊ	n ㄋ	l ㄌ
g ㄍ	k ㄎ	h ㄏ		j(i) ㄐ	ch(i) ㄑ	sh(i) ㄒ	
j ㄓ	ch ㄔ	sh ㄕ	r ㄖ	tz ㄗ	ts ㄘ	s ㄙ	
r,z ㄭ				i,yi ㄧ	u,wu ㄨ	iu,yu ㄩ	
a ㄚ	o ㄛ	e ㄜ	e ㄝ	ai ㄞ	ei ㄟ	au ㄠ	ou ㄡ
an ㄢ	en ㄣ	ang ㄤ	eng ㄥ	er ㄦ			
ia ㄧㄚ	io ㄧㄛ	ie ㄧㄝ	iai ㄧㄞ	iau ㄧㄠ	iou ㄧㄡ	ian ㄧㄢ	in ㄧㄣ
iang ㄧㄤ	ing ㄧㄥ			ua ㄨㄚ	uo ㄨㄛ	uai ㄨㄞ	uei ㄨㄟ
uan ㄨㄢ	uen ㄨㄣ	uang ㄨㄤ	ung ㄨㄥ	iue ㄩㄝ	iuan ㄩㄢ	iun ㄩㄣ	iung ㄩㄥ

八、對海外華語教育的推行與成就之情況

二次世界大戰後，我國的語文與文化，受到各國重視，在他們的大學中設立中國語文科系研究所的不少。如我們近鄰南韓，有一百多個大學，就有一半以上設有中國語文系所。還有我國華僑在各地辦有僑校，教授華語華文。還有各國來華從事貿易等工作、研究我國文化的人士，學習我國的語文。因此成立了許多語文中心和世界華文教育協進會，對於海外國語文教育的推廣，發揮了很大的力量，並且有可觀的成績。

㈠語文中心

臺灣的語文中心，教中國語文的有七所。現在按設立的先後，簡介如下：

1.中華語文研習所（臺北市信義路二段一〇四號七樓）：一九五六年（民國四十五年）七月成立，有臺北、臺中、士林、高雄、臺東五個中心，分國語部、閩南語部，培養外國人士，學習我國語文與文化（書法、國畫、插花、烹飪、茶藝……），結業的學生有八四、八七六人（到七十四年十月止）。

2.國立臺灣師範大學國語教學中心（臺北和平東路一段一六二號）：一九五七年（民國四十六年）九月成立，分初、中、高三組。初級發音會話，中級中國寓言、歷史、新聞選讀、廣播劇、文言文，高級散文、小說、古文選讀等，歷屆結業的學生在十萬人左右，以美日籍居多。編有各種教材。

3.輔仁大學語文中心（臺北縣新莊市中正路五一〇號）：一九六四年（民國五十三年）九月成立，教材多採用國立編譯館所編的，有教室四十間，學生來自世界各國。

4.東海大學中國文化研究中心（臺中市東海大學八六二信箱）：一九七〇年（民國五十九年）成立，分初、中、高級三種，規模較小。

5.國語日報語文中心（臺北市福州街十號）：一九七三年（民國六十二年）三月成立，分華語、華文、中國文化、中國文學歷史四種，編有注音、會話、句型、選讀各種教材課本，已結業的學生三二、九二二人。學生除了外籍生，還有僑生。

6.逢甲大學國語文教學中心（臺中市文華路一〇〇號）：一九七五年（民國六十四年）十月成立，

以教中國語文爲主，另有文化、歷史、書法、功夫、歌謠等班，採用小學國語、中學國文、國語日報、古今文選爲教材，結業學生有五百多人。

7.國立成功大學文學院中國語文中心（臺南市大學路一號）：一九八二年（民國七十一年）九月成立，分初級會話、中級會話、高級課程、選修課程四種，高級課程採用國立編譯館所編中國寓言、歷史故事、風俗習慣等教材。選修課程有中國文化、文字學、文學概論等科，結業生不過幾百人。

㈡美國人辦的華語學校與語文中心

1.美國在臺協會華語學校（臺北市陽明山山仔后愛富三街長生巷五號）：以訓練說話、閱讀、翻譯、口譯、方言爲主，所收多爲美國學生。

2.史丹福華語中心（臺北郵政信箱一三一二〇四號）：是由美國十所著名大學組成，設在臺灣大學內，學生主要來自美國，每年約四十人，還有特別生、研究教授等，採取密集學習中文華語方式，以提高其說話的能力。

㈢世界華文教育協進會（臺北市舟山路二四三號）

世界華文教育協進會，在一九七三年（民國六十二年）成立，由世界各地從事而熱心華文教育的工作者專家行政人士組成，以發展世界華文教育，發揚我國的文化爲主。發行有「華文世界」季刊。經常舉辦華文教學研習班，培養海外華文師資，結業學員達一千六百人，大部份返回僑居地任教，或爲留學時教授華語。辦理華僑青年華語文及藝文研習班。於一九八四年（民國七十三年）、一九八八年（民國七十七年），在臺北兩次召開「世界華文教學研討會」，出席學者多達數百人，提出論文及各地華文教育報告，近千頁，可見我國從事國語國文教育工作者，在海外努力的情況。出版海外兒童常識、中華文化、華語教學……等用書。

㈣其他

臺灣對國外華語華文教育的推行，經常派人出國輔導，如一九七二年起，每年四月至六月，由僑務委員會派員到菲律賓，輔導僑校辦理國語文教育研習班。一九八八年七月間，派張孝裕教授等十人分往歐洲、美加等地，輔導僑教國語文研習班。一九七九年至一九八〇年，新加坡教育部推行華語教育，借重臺灣推行國語的經驗，邀請臺灣師範大學教授張孝裕，前往策劃華語推行的工作。

九、結論

臺灣國語的推行，經過四十多年的努力，已經成爲全民共有的語言，幾乎沒有人不會說國語，所以有這樣的成功，實在是由於國語會所擬訂的政策的正確，以及當時參加推行國語教育的人士的熱心，幾乎把它當做一種宗教，一種信仰來推動，希望凡是中國人都會說國語，都使用同樣一種的語言，能夠非常親切地講話，當然臺灣同胞熱烈、認眞、努力的學習，是推行國語成功的最大的一個因素。還有幾十年來，出版家、報紙印行注音讀物，電台、電視台用國語播出，各級學校的老師用國語教學，尤其是國小老師認眞教國語，使國語的根深深植在每個人的心中，在每個人的生活裏開花結果。由於臺灣國語推行的成功，也促使各國各地想學華語華文的人士，紛紛前來臺灣進修。

我想終有一天，國語的種子將播遍各地，成爲世界上最重要的一種語言！

（本篇論文原應香港中國語文學會邀請而撰寫，原擬在一九八九年八月二十四至二十六日，在香港舉行的「中國語文研討會」上，提出報告，已收入該會論文提要。後因六四事件發生，研討會遂告流產。這篇論文「八、對海外華語教育的推行與成就之情況」一節，由董鵬程先生執筆；其餘由方祖燊教授撰寫）

方祖燊先生著作年表

一九五一至一九六二　《古今文選》精裝本四集，與梁容若、齊鐵恨、鍾露昇編註語譯，臺北國語日報社出版。

一九五七　《怎樣作文》（適合初中學生），臺北中南書局出版。

一九六一　《國音常用字典》，與邢宗訓等五人合纂，臺北復興書局出版。

一九六二至一九六九　《古今文選續編》精裝本二集，方祖燊、鍾露昇主編，臺北國語日報社出版。

一九六七　《漢詩研究》（學術論文集），臺北正中書局出版。

一九七〇　《散文結構》（散文寫作理論），與邱燮友合著，臺北蘭臺書局處出版。後改由臺北福記文化圖書公司出版。

一九七一　《成語典》（辭典類），與繆天華等七人合纂，臺北復興書局出版。

一九七一　《陶潛詩箋註校證論評》，臺北蘭臺書局出版。

一九七二　《六十年來之國語運動簡史》（歷史專著），收於《六十年來之國學》（二）中，臺北正中書局出版。

一九七三　《魏晉時代詩人與詩歌》（文學史），臺北蘭臺書局出版。
一九七八　《陶淵明》（評傳，十幾萬字），臺北河洛出版社出版。一九八二年改由臺北國家出版社出版。
一九七八　《中國文學家故事》（文學傳記），與邱燮友、李鍌合著，臺北中央文物供應社出版。
一九七九　《春雨中的鳥聲》（散文雜文集），臺北益智書局出版。
一九七九　《中國少年》（少年勵志讀物），臺北幼獅文化事業公司出版。
一九八〇　《三湘漁父—宋教仁傳》（文學傳記），臺北近代中國出版社出版。
一九八一　《中國文化的內涵》（文化史），與黃麗貞、李鍌合著，收在《中華民國文化發展史》中，臺北近代中國出版社出版。
一九八二　《國立臺灣師範大學四十暨四十一級級友畢業三十年紀念專刊》，方祖燊主編，師大紀念專刊委員會出版。
一九八三　《散文的創作鑑賞與批評》（散文寫作理論），臺北中央文物供應社出版。
一九八六　《大辭典》（辭典類），與邱燮友、黃麗貞等數十人合纂，臺北三民書局出版。
一九八六　《說夢》（散文雜文集），與黃麗貞合著，臺北文豪出版社出版。
一九八六　《幸福的女人》（短篇小說集），與黃麗貞合著，臺北文豪出版社出版。
一九八八　《陶潛詩箋註校證論評》增訂本，臺北臺灣書店出版。

一九八九　《談詩錄》（學術論文集），臺北東大圖書公司出版。
一九九〇　《生活藝術》（雜文集），臺北臺灣書店出版。
一九九一　《現代中國語文》（小學語文課本十二冊範文），與阿濃、蔡玉明、關夕芝合撰，香港現代教育研究社有限公司出版。
一九九五　《小說結構》（小說的歷史流派、寫作理論與評析年表，六十萬字），臺北東大圖書公司出版。
一九九五　《教育家的智慧》（劉眞先生語粹），劉眞著，方祖燊輯，臺北遠流出版社出版。
一九九五　《方祖燊全集．論文第一集》（人物、雜論、教育），臺北文史哲出版社出版。
一九九五　《方祖燊全集．論文第二集》（語法、文藝文學、國語運動歷史），臺北文史哲出版社出版。
一九九五　《方祖燊全集．樂府詩解題》（漢朝、魏晉至宋齊），臺北文史哲出版社出版。
一九九五　《方祖燊全集．中國文化史》，與李鍌、黃麗貞合著，臺北文史哲出版社出版。
一九九？　《中國寓言》（寓言新編，加中英註釋例句，外國人士學習中國語文教材），與黃迺毓合著，國立編譯館主編，（尚未出版）。
一九九？　《詩》（論析中國詩歌，並附註文，中英對譯，陳鵬翔等人英譯），世界華文協進會與國立編譯館約撰。（尚未出版）。